阳光普法
关注民生 传播法律

法律故事书系列

[快乐成长·法律相伴]
The First Law Story Book

双色插图本

第一本
法律故事书

绘声绘色讲解
青少年
成长过程中的
法律常识

代晓琴 ◎ 著　【第五版】

中国法制出版社
CHINA LEGAL PUBLISHING HOUSE

前　言

　　翻开《第一本法律故事书》的你，或许喜欢故事，或许对法律感兴趣，又或许对故事和法律都很钟爱。不管你属于哪一种，都有一点可以肯定，那就是你一定是一个爱阅读、有上进心的好孩子。

　　好孩子是祖国的未来、民族的希望，有着梦一般的美好憧憬。好孩子要怎样预防犯罪？受到不公正待遇时要如何维权？要怎样拿起法律武器保护自己？一味苦读法律条款未免枯燥，也不适合你的年龄特征。

　　生活中，我接触过很多和你一样年纪的孩子，他们有一个共同的爱好——喜欢听故事。将法律知识藏进故事，把枯燥的法律变得"有声有色"，一定会为你所喜爱。

　　为此，《第一本法律故事书》（第五版）诞生了。这本书分为警示、维权、自护三大板块，选取了与我们实际生活息息相关的法律知识点，以喜闻乐见的故事形式展开、剖析案例。我希望，这正是你爱看的内容。

　　第五版是继前四个版本之后推出的新版本。法律条款实时

更新，在一些故事中还能看到《民法典》的"影子"。

在此，我真诚期望本书能得到你的喜爱和认可，让你在快乐阅读的同时，能够增强法律意识、提高法律素养，为你的健康成长保驾护航。

故事，就从这里开始。让我们一起阅读吧！

代晓琴

2023 年 12 月 1 日

目　录

第三辑　自护篇

第一辑　警示篇 ▮▮▮▮

1. 惹上官司的"追踪报道"

前不久，学校成立了校园广播站，品学兼优的肖甜毫无悬念地当选了采编兼播音员。她凭着敏锐的洞察力和执着的工作态度，一走上"工作岗位"就表现出超乎寻常的新闻潜质。但前不久，肖甜却因为一起"追踪报道"惹上了官司。

一天中午，肖甜正在寝室午休。突然，一声尖叫从隔壁床铺传来。"怎么啦？"被惊醒的室友翻身爬起。"我的手表不见了！"王蒙大惊失色地喊。

"手表不见了？"肖甜一听，她那敏锐的新闻神经立即活跃起来，迅速凑到"当事人"王蒙面前。王蒙告诉肖甜，手表是舅舅从瑞士带回来的名表，价值上万元。室友们都不想背上偷盗的罪名，她们把各自的行李翻了个底朝天，但手表依然不见踪影。

"看来手表不在寝室。"肖甜让王蒙尽量回忆，王蒙终于记起来上体育课的时候手表还在。"也就是说，你的手表可能是在体育课后不见的。"肖甜分析道。

原来，体育课上，王蒙将手表揣进外套兜里，把外套放在操场的护栏上，下课后，她忘了拿外套。午休后一觉醒来，她才发现手表不见了。为了帮助王蒙找手表，肖甜马上通过校园广播以"校园手表失窃案"为标题播报了这条消息，希望大家积极提供线索。

遗憾的是，消息播出后她一条线索也没收到。倔强的肖甜决定亲自"侦破案件"，她还信誓旦旦地在广播中说："请大家继续关注校园失窃案的跟踪报道。"

经过明察暗访，肖甜初步锁定两个"嫌疑犯"——张军和王乾。张军是"惯犯"，曾经偷窃过同学的财物。王乾老实本分，平时少言寡语。他俩今年都是15岁，曾经在王蒙放置外套的护栏前长时间逗留，都有作案的机会。

为了弄清真相，肖甜又进行了深度调查，她发现这两个人都沉迷网络游戏，前段时间在网吧都有欠债。"难道这两个人为了还债合谋偷表？"肖甜在心里暗暗地想。但经过暗访，肖甜发现他俩平时并没有什么交集。

没过多久，学校放假了，这给肖甜的"侦破"工作带来更大的挑战。她以"校园失窃案现端倪"为题播报了"案件"的进展，还补充说道："欲知后情，请看本人博客。"

这个假期，为了找出真正的窃贼，肖甜只要有时间就猫在两个"嫌犯"家附近的路口，观察他们的动向。

几天后，肖甜终于发现王乾和张军鬼鬼祟祟地去了公园。她一路跟踪，偷听到两人的对话。原来，那天体育课后，王乾悄悄地走到护栏边，偷走了手表。没想到，他的行动被张军发现了。怀着"见者有份"的心理，他俩密谋找买主。之前为了掩人耳目，他们一直没敢行动。

"原来窃贼是你们，快交出手表！"肖甜正义凛然地吼道。

"你先打赢我们再说。"张军和王乾面露凶光。

肖甜从没见过这种阵势，吓得连声呼救。幸好执勤的民警路过，救了肖甜。民警了解了事情的来龙去脉之后，把张军和王乾带走了。

事情总算真相大白。肖甜花了一天时间，把整个事件的前因后果写成一篇文章，以"校园失窃案真相大白"为题放到网上，没想到点击量当天就上百。

之后，肖甜还把张军和王乾的照片、住址以及在班里的表现等情况一股脑儿地说出来，录成视频，上传到网上。很快，这段视频的点击量过千。

"哈哈，我真是个新闻天才！"正当肖甜为自己的得意之作沾沾自喜时，她上传的视频被屏蔽了。几天后，一张法院传票悄然而至。原来，她因为追踪报道"校园手表失窃案"被张军和王乾的家长告上了法庭。

"偷了东西还不让人说吗？"肖甜顿时傻眼了。你知道肖甜为什么会惹上官司吗？

（文中人物均为化名）

法律知识链接

隐私是自然人的私人生活安宁和不愿为他人知晓的私密空间、私密活动、私密信息。自然人享有隐私权。根据《民法典》第一千零三十三条的规定，除法律另有规定或者权利人明确同意外，任何组织或者个人不得处理他人的私密信息。

《未成年人保护法》第一百零三条也规定，公安机关、人民检察院、人民法院、司法行政部门以及其他组织和个人不得披露有关案件中未成年人的姓名、影像、住所、就读学校以及其他可能识别出其身份的信息。

　　本故事中，张军、王乾均15岁，为未成年人。他俩的偷窃行为应按照盗窃罪的相关法律条文依法论处。但肖甜把他俩的详细资料录成视频上传到网上，披露了未成年人的隐私，同样触犯了法律。因此，肖甜上传的视频很快被屏蔽，她因此也成了被告。但考虑到肖甜同样是未成年人，所以法院对她的案件也不会公开审理。

2. 一桩特别的"绑架案"

春天的脚步渐行渐远，初夏悄然而至。

山城一街道派出所内，所长老王正专心致志地整理着文案。突然，一阵急促的电话铃声响起。老王循声而去，发现铃声来自隔壁办公室。老王知道那是为市民提供的报警专用电话，他不敢怠慢，立即拿起电话接听。

"我要报案……"电话那头的声音很急促。

"说！"老王年轻的时候在市局干过多年的刑侦工作。前些年，局里考虑他上了年纪，才把他调到这个没有多少案子可办的辖区街道，并担任派出所所长。在这里，老王的主要工作就是写写文案，处理市民的小纠纷一类的，虽然都是些小案子，但他办案的责任心却不减当年。

"刚才，黑仔在西山路地铁口被几个蒙面人绑架了。绑匪开着一辆黑色轿车，此时正向西城区一环路方向疾驰而去……"报案者话未说完，电话里就传出"砰砰"的撞击声。

"喂，喂，喂……"老王再问，电话那头已悄无声息。

黑仔是老王辖区内一所中学初二的学生，小小年纪的他热爱口技表演，常常在文娱晚会中有精彩的表现，在山城也算是小有名气。老王对黑仔早有耳闻，知道事情的严重性，他那根警觉的神经立即紧绷起来。

老王的大脑在飞速运转一阵后，首先安排派出所内的得力干将小李去西山路地铁口查看现场，然后他立即向市局进行了汇报，请求警力支援。

几分钟的时间，市局警力抵达了老王所在的派出所。

为了解救黑仔，老王亲自带队对西城区一环路进行了全面封锁，着力排查黑色轿车，结果没有发现任何可疑迹象。

难道黑色轿车已驶离山城，去往周边的城市或乡村？老王又马不停蹄地来到交管部门，调出西城区一环路出城口的视频。遗憾的是，在可能的时间段内，视频中并没有黑色轿车驶离西城区一环路的情况，这说明老王的猜测不成立。

这时，小李赶来汇报了地铁口的情形："由于地铁口的监控器在一天前坏掉了，我除了找到一只鞋子，没有发现任何有价值的线索。"

鞋子是谁的？报案者又是谁？为什么报案时会传来几声撞击声？报案者遭遇了什么变故？众多的疑问在老王的脑海中不停地翻转。但有一点老王比较肯定，那就是绑匪很有可能还在市区，因此还要继续排查市内的黑色轿车。

说干就干，老王立即对市区的道路做了一番详尽的研究，并得出了黑色轿车在途中绕道、隐匿在某处的种种可能。为此，老王部署了多方警力，全力排查。半个小时后，大家带给老王失望的消息："经过排查，我们并没有发现可疑的黑色轿车。"

"这期间的可能性太多：换车，化装潜逃，隐匿在城市的某个角落……"警员们一致认为绑匪很有可能已经隐匿，目前直接追踪到的可能性极小，必须另寻突破口。

老王的眉头拧成一个结，他一根又一根地猛吸着烟。突然，他手一挥："走，马上去黑仔家！"大家紧跟其后，来到黑仔家。

黑仔的父母倍感意外，他们把老王一行人让进屋子。当小李把那只在地铁口捡到的鞋子拿出来时，黑仔的父母慌了神："这是我们儿子的鞋，怎么在你手里？黑仔怎么啦？"

"有人看到几个蒙面人劫持了黑仔。现在，你们要尽可能全面地提供线索。这样，我们才能尽快破案。"老王把情况如实告知了黑仔的父母。

"这段时间，我正在和一家房地产公司竞买一块地皮。会不会是对手绑了黑仔，以此来对我进行心理震慑，好让我主动放弃竞争权？"考虑到对手还没打来敲诈电话开出勒索条件，黑仔父亲不由得想起公司最近的一单生意。

"立即调查那家公司！"老王认为不能排除这种可能，斩钉截铁地说。经过一番严密的调查，并未发现那家公司有什么值得怀疑的地方。

正当大家一筹莫展之时，黑仔父亲的手机响了。这是一个陌生号码，会是谁呢？黑仔的父亲愣愣地看着老王。

老王点点头，黑仔父亲急忙接通电话。

"晚上12点，100万元现金，东风商城对面的废弃车库交易！记住，一个人来，否则……"电话那头瓮声瓮气的声音略带杀气，意思很明白：不给钱就要撕票。

黑仔母亲一听，吓得面色煞白。

"100 万元，看来对手并不是为了地皮。"老王把这件案子定位为单纯性谋财绑架，他让黑仔父亲准备现金，准时赴约。

12 点，黑仔父亲准时到达绑匪指定的地点，但他没有看到黑仔，更没有看到绑匪。

大约过了一刻钟，黑仔父亲的手机又响起来，对方让他去西城区一座废弃工厂见面。为了黑仔的安危，黑仔父亲只得照办，老王也紧随其后。但到了目的地，他们却什么也没有看到。

原以为对方会继续打电话确定交易地点，但接下来的几个小时，黑仔父亲的电话死一般沉寂。

"难道黑仔已被撕票？难道对方不为钱？"大家都很焦急，时间在煎熬中一分一秒地度过。

夜色朦胧，案件一点进展也没有。老王和警员们决定潜伏在黑仔家附近静观其变。这时，门开了。黑仔毫发无损地出现在大家面前。

"黑仔！"黑仔的父母又惊又喜，一把抱住黑仔。

"你们劳师动众干什么呢？"黑仔莫名其妙地看着突然现身的老王和警员们问道。

"今天早上，我接到报案说你被绑架了。"老王说。

"今天几月几日？"黑仔并不急着回话，而是笑着问。

"4 月 1 日。"大家说。

黑仔哈哈大笑道："今天是愚人节。我和你们开玩笑呢！莫非你们真信了我的话？"

"难道报案、用陌生号码打来敲诈电话，还有'砰砰'的撞击声都是你的口技表演？"老王惊愕地问。

"对，那只鞋子也是我故意放在地铁口的。"原来，黑仔除喜欢口技外，还喜欢看侦探小说，今天这一切都是他一手策划并自导自演的，他的目的是愚弄大家。中午，他打完最后一通电话就去玩摩天轮了，早把这事忘得一干二净。

"你已经触犯了法律，得跟我们走一趟。"听完黑仔的话，老王一脸严肃地带走了黑仔。亲爱的读者，你知道这是为什么吗？

（文中人物均为化名）

法律知识链接

绑架罪是指以勒索财物或满足其他不法要求为目的，使用暴力、胁迫或者其他方法，绑架他人的行为。《刑法》第二百三十九条规定，以勒索财物为目的绑架他人的，或者绑架他人作为人质的，处十年以上有期徒刑或者无期徒刑，并处罚金或者没收财产；致使被绑架人死亡或者杀害被绑架人的，处无期徒刑或死刑，并处没收财产。

《治安管理处罚法》明确规定，谎报险情、疫情、警情，是要受到法律处罚的。凡无事拨打110等特服电话恶意骚扰、谎报警情，都是扰乱国家机关正常办公秩序的违法行为，公安机关可对责任人处五日以上十日以下拘留，可以并处五百元以下罚款；情节较轻的，处五日以下拘留或者五百元以下罚款。

本故事中，黑仔的行为不以勒索钱财为目的，仅为开玩笑，故绑架罪不成立，但他谎报警情，其行为也是违法的，应当受到处罚。黑仔还不满14周岁，即便因为年龄不够，不会受到治安处罚，也会受到严厉的批评。记住，"愚人节"是舶来品，法律不可愚弄！

3. 罪证竟是 5 元现钞

毛斌 17 周岁，是某市重点中学高三的学生。他的父母经营着一家服装公司，家境殷实。因为家里只有毛斌一个孩子，所以父母对他百般娇宠，毛斌是"要风得风，要雨得雨"，兜里随时都有一沓"红票子"。然而，这位不差钱的"阔少"却因为 5 元钱走上了犯罪道路。

三个月前的一个下午，天上下着绵绵小雨。毛斌放学后急匆匆地往家赶，不小心和迎面而来的职高生杜飞相撞，杜飞的书本散落了一地。

杜飞直埋怨毛斌太莽撞。

"别说那么多废话，我赔钱总行了吧！"毛斌认为钱能解决一切问题，便随手甩了几张百元大钞给杜飞。

"大爷不差钱，也不稀罕你那点小钱！"杜飞不屑地看了一眼毛斌，随即从兜里掏出一沓百元大钞，夸张地在毛斌眼前晃了晃。

毛斌从记事时起，从没有在钱的问题上受到过这样的鄙视。一气之下，他不管不顾地和杜飞吵了起来。

两个人吵来吵去不见输赢。为了表示不差钱、舍得花钱，他们决定用实际行动来证明自己一掷千金的豪爽。

"我现在就去游戏厅去玩老虎机，你敢吗？"杜飞的语气中带着挑衅。

毛斌以前听人说过老虎机是赌博机，但他从没参与过这样的游戏。为了不输给杜飞，毛斌大踏步地走向附近的游戏厅。

玩了一次之后，毛斌对老虎机产生了不可抗拒的兴趣，他有事没事就要去游戏厅玩玩。到后来，只要一天不玩，他心里就不踏实。

不知不觉间，毛斌手头的百元大钞越来越少。为了满足玩老虎机的需求，他向父母伸手要钱的次数越来越多。

父母对毛斌超出预期的花销倍感意外，为弄清真相，他们抽出一下午的时间悄悄地跟踪毛斌。当他们看到毛斌不好好读书，把钱花在赌博机上时，又气又急，决定以后要严格控制毛斌的零花钱。

父母以为这样做就会使毛斌戒掉赌博机。但令他们没想到的是，毛斌竟然想方设法地借钱、骗钱去玩赌博机。

父亲见毛斌这样不争气十分生气，以致开车走神，发生了严重的车祸瘫痪在床，心力交瘁的母亲无暇顾及公司业务，公司被迫歇业了。家里的收入减少，毛斌的零花钱变得更少，即便囊中羞涩，他每天还是会去游戏厅望望。

这天放学后，毛斌又情不自禁地向游戏厅的方向走去。在经过一条僻静小巷时，他看到杜飞鬼鬼祟祟地在巷道内来回踱步。

"你在这儿干吗？"毛斌出于一种好奇的心理，走上前大声询问。

"哥最近手头有点紧，想弄点钱来花花。"杜飞迷上老虎机后，父母也控制了他的零花钱。他对毛斌有种"同病相怜"的感觉。

毛斌不明白杜飞怎么弄钱，正想问的时候，被杜飞制止住了。

这时，两个个子小小的中学生向巷道走来——这条巷道是他们放学回家的必经之道。

"把钱交出来！"待到中学生走近，杜飞一个箭步跨上前，用水果刀对准他们的脖子，两个中学生见有刀子，吓得瑟瑟发抖，赶紧把身上的钱全部交了出来。

"好，今天就先让你们回去。不许声张，要不然……"杜飞露出凶狠的面孔。

两个中学生不断地点着头离开了。等他们一走，杜飞就暗笑着数钱。毛斌没想到如此轻松就能搞到钱，心里暗暗高兴。

晚上，毛斌翻来覆去无法入睡，白天的一幕在脑子里时隐时现。终于，他也将一把水果刀放进了书包。

第二天下午，毛斌一放学就飞快地跑出学校并潜伏在学校附近的一条僻静巷道。大约过了一刻钟，一个瘦弱的小女生走入巷道。

"把钱交出来！"毛斌用水果刀抵住小女生的后背，学着杜飞的语气，恶狠狠地吼道。

"我没钱！"小女生战战兢兢地说。

"交出来，要不然我就……"毛斌见小女生不给钱，便加重了恐吓的语气。

小女生下意识地捂了捂口袋。

毛斌看出小女生的钱在口袋里，于是用力拉开小女生捂着口袋的手，把口袋翻了个底朝天，没想到只找到了皱巴巴的5元钱。

毛斌带着钱径直去了游戏厅，心安理得地玩起了老虎机。1个小时后，一位民警来到游戏厅。原来，小女生报了案。民警以毛斌涉嫌抢劫罪带走了他。

"可是，我只抢了5元钱……早知这样，我就不抢了！"毛斌万万没想到会有如此严重的后果，对自己的行为后悔不已。

"《刑法》第二百六十三条规定，以暴力、胁迫或者其他方法抢劫公私财物的，处三年以上十年以下有期徒刑，并处罚金。《刑法》第十七条第一款规定，已满16周岁的人犯罪，应当负刑事责任。毛斌17周岁，已达到负刑事责任的年龄，应当对自己的行为负责。在作案过程中，毛斌以胁迫手段强行劫取钱财，虽然只抢得5元钱，但其行为也构成抢劫罪。"审判那天，法院考虑毛斌未成年，且认罪态度较好，只对他作出一年零八个月刑期的判决。

（文中人物均为化名）

法律知识链接

　　《刑法》第二百六十三条规定，以暴力、胁迫或者其他方法抢劫公私财物的，处三年以上十年以下有期徒刑，并处罚金。

《刑法》第十七条规定，已满16周岁的人犯罪，应当负刑事责任。

本故事中，毛斌17周岁，已达到负刑事责任的年龄，应当对自己的行为负责。在作案过程中，毛斌以胁迫手段强行掠取钱财，虽然只抢得5元现钞，但其行为也构成抢劫罪。

另外，文中的杜飞在不久之后也落入法网。

4. 少年毒枭的不归路

去年初秋，中缅边境某市警方破获一起特大制毒、贩毒案。令人震惊的是，这起案件的幕后毒枭竟然是一名未满16周岁的未成年人。为此，社会一片哗然。那么，这名未成年人为何走上了制毒、贩毒这条不归路呢？

这名少年就是小宇。在他很小的时候，小宇的父母就去了广州打工，他和奶奶住在一起。奶奶对小宇百般娇惯，视若掌中宝。小宇小学毕业后便辍学在家，整日游手好闲，不务正业。

小宇虽然学历不高，但精通电脑，成了附近大小网吧的"常客"。在网吧里，他结识了一些"不三不四"的"朋友"。

在接触的过程中，小宇时常听那些"朋友"提到"溜冰""有货"等暗语。对此，小宇倍感好奇。为了求得答案，小宇悄悄地跟踪了他们，结果发现这些人来到僻静的巷道内吸食一种白色粉末。

"你敢来两口吗？"其中一个"朋友"发现了小宇的跟踪，于是把仅有的一点白色粉末递给小宇，还挑衅地对小宇说。

小宇以前在影视片中见过这种白色粉末，知道这就是传说中的冰毒，他还听说吸食这种毒品后会产生一些"奇幻现象"。出于一种好奇的心理，小宇稍稍迟疑之后，便接过了那一丁点儿冰毒。

本来，小宇只是想体验一下传说中的"奇幻现象"，但令他没想到的是，当他走出了"来两口"这一步之后，网吧那些"朋友"便把他当成了"自己人"。他们对小宇无所顾忌，时不时地和小宇"有福同享"。

渐渐地，小宇对冰毒产生了依赖，一天不吸就难受。为了筹集毒资，小宇四处借钱、骗钱，到后来，大家都不再借钱给他。

为了能有钱买毒品，小宇便跟着网吧那群"朋友"抢劫、贩毒。在一次"执行任务"中，小宇认识了一个名叫小强的人。

小强19周岁，和小宇一样，小学毕业后便辍学在家。他见小宇精通电脑且办事机灵，于是向小宇透露了有人在网上传播制毒技术的消息。

小宇心想，只要制毒成功，就能"自给自足"，便在网上暗暗学习制毒技术，没想到竟然"成功"了。由于冰毒价格昂贵，但自制成本较低，所以小宇在"自给自足"的同时，又做起了发财梦。为此，他集结了一大批吸毒者制毒，还嚣张地利用一个名为"冰工厂"的微信群贩毒，一步步地走向罪恶的深渊……

正所谓"法网恢恢，疏而不漏"，小宇的"冰工厂"最终没能逃过警方的"法眼金睛"。

几个月后，市公安局禁毒支队侦查人员在网络巡查时发现小宇的微信群十分可疑，随即假扮吸毒人员进群。

侦查人员在取得小宇的信任后，顺藤摸瓜地引出小宇，并一举抓获。至此，这起特大青少年制毒、贩毒案得以告破。

在庭审中，小宇心想自己是未成年人，不会受到多大的惩处，表现出不以为意的样子。

《刑法》第十七条第二款规定："已满十四周岁不满十六周岁的人，犯故意杀人、故意伤害致人重伤或者死亡、强奸、抢劫、贩卖毒品、放火、爆炸、投放危险物质罪的，应当负刑事责任。"控辩结束后，法官开始宣判。

"不是说对未成年人要减轻处罚吗？"法官话音未落，小宇就大叫起来。

"的确，《刑法》第十七条第四款规定，已满十四周岁不满十八周岁的人犯罪，应当从轻或者减轻处罚。但同样，《刑法》第三百四十七条第一款也规定了'走私、贩卖、运输、制造毒品，无论数量多少，都应当追究刑事责任，予以刑事处罚'。同时，此条还规定了具有'走私、贩卖、运输、制造毒品集团的首要分子'情形的处十五年有期徒刑、无期徒刑或者死刑，并处没收财产……"最终，小宇被判无期徒刑，并处没收财产。

"我奉劝大家，特别是青少年，一定要远离毒品，尤其是在一开始就不要以身试毒……"小宇回想起自己当初因为好奇吸毒，进而一步步走向贩毒、制毒的不归路，流下了悔恨的泪水。

（文中人物均为化名）

法律知识链接

《刑法》第十七条第二款规定，已满14周岁不满16周岁的人，犯故意杀人、故意伤害致人重伤或者死亡、强奸、抢劫、贩卖毒品、放火、爆炸、投放危险物质罪的，应当负刑事责任。

《刑法》第三百四十七条规定，走私、贩卖、运输、制造毒品，无论数量多少，都应当追究刑事责任，予以刑事处罚。此条同时规定，"走私、贩卖、运输、制造毒品集团的首要分子"处十五年有期徒刑、无期徒刑或者死刑，并处没收财产。

《刑法》第二百九十五条规定，传授犯罪方法的，处五年以下有期徒刑、拘役或者管制；情节严重的，处五年以上十年以下有期徒刑；情节特别严重的，处十年以上有期徒刑或者无期徒刑。

本故事中，小宇还未满16周岁，是未成年人，但他制毒、贩毒，并且是首要分子，所以判决"轻中有重"。同时，故事中涉及的诱使小宇走上吸毒路以及网上传授制毒技术的相关人员也受到了法律制裁。

5. 好心做事反被告

米高今年 18 周岁，不但成绩优秀，而且心地善良，不管谁遇到困难，他都会尽全力帮忙。然而，经常做好事的他竟然被自己最亲密的朋友杨飞告上了法庭。

上小学那会儿，米高和杨飞是邻居，一个住在楼上，一个住在楼下。因为年龄相仿，两人结下了深厚的友谊。

小学毕业后，米高和杨飞不约而同地选择了同一所省级示范中学。所不同的是，米高家的经济条件较好，搬了新家，住进了离学校不远的小区。杨飞则借住在他的小姨家。

虽然两人的住所离得比较远，但一点儿也不影响他们之间的友谊。不管是在生活上，还是在学习上，两人都是互相帮助，共同进步。

黄武比杨飞小一岁，是杨飞小姨的儿子，在职业中学读书。黄武不但学习不好，而且总爱惹是生非，经常挑起一些事端。如果遇上打架，他还会打电话叫杨飞过去"凑份子"。对此，杨飞经常是左右为难，不知道怎么办才好。

久而久之，米高对杨飞这个表弟的恶习也有了一些了解。只要他一打电话给杨飞，米高就知道一定没好事。本着为杨飞的安全和学业着想，米高常常劝杨飞多一事不如少一事。

在高考前几天的一个上午，米高的父母出差，他邀杨飞到家里一起温习功课。杨飞刚坐定，手机就响了起来，他一看，发现是黄武打来的。

"杨飞,快到三桥来……"电话那头的声音显得急促而慌乱。

"到三桥干什么?"杨飞追问,黄武没有回答,只听电话里传出阵阵流水声。

三桥是个废弃的桥头,平时少有人去。杨飞怕表弟发生什么意外,站起来就要往外走。

"可能你表弟又和别人打架了。快高考了,你别节外生枝。"米高见状,立即想到可能黄武又叫杨飞去打架,于是赶忙劝杨飞别去。

杨飞想想也是,便决定留下来。不一会儿,他的手机又响了起来,一看还是黄武打来的。这次杨飞没接,但是手机却响个不停。无奈之下,杨飞按下了接听键,可电话那头的黄武却没有回答。这让杨飞的心顿时悬了起来。

"我一定要去三桥看看究竟发生了什么事。"杨飞推开房门。

"你最好报警,让警察去处理。"米高拦在门边。杨飞觉得在事情没弄清楚之前,没必要报警,却更加坚定了前往三桥的决心。

米高担心杨飞在高考前出岔子,坚决反对杨飞前往。两人僵持不下,扭打了起来。几个回合之后,米高获胜。米高刚要回到屋里,杨飞又站起来要出去。米高无奈,硬把杨飞拽进卧室,并拿走了他的手机,将其反锁在室内。

米高将杨飞的手机关机,坐在客厅温习功课,任凭杨飞在卧室内喊叫。午饭时,米高把吃的端到卧室和杨飞一起食用。

此时，杨飞已经平静了许多，米高就把杨飞放了出来。

"不行，我还是得去看看表弟。"杨飞趁米高一不留神，从卧室跑了出去，刚到客厅，就被米高发觉。为了能让杨飞安下心，米高又把杨飞关进卧室。

傍晚时分，杨飞的小姨来到了米高家。她带来黄武不幸遇害的消息："上午，黄武去三桥玩耍，刚到桥头，就遇到一伙歹徒抢劫一名女生的挎包。黄武便上前制止，没想到歹徒仗着人多势众，叫黄武不要挡着财路，搏斗中他被推下桥头，摔在桥下的硬石板上……"

"那么，他上午打电话是为了求救？"米高万万没想到一向爱惹是生非的黄武还会见义勇为，更没想到事情会发展成这样。他想到自己上午再三阻止杨飞出门，顿时后悔不已。

"表弟……"杨飞发出撕心裂肺的呼喊。

"对不起，对不起，都是我的错。你要我怎样都行！"米高请杨飞原谅。

"你能让时光倒流？能让我的表弟复活吗？"杨飞面色铁青，愤然摔门而去。

经过这件事之后，杨飞再也没有搭理米高。在高考结束后第三天，米高收到了法院的传票——他被杨飞起诉了。

"有没有回旋的余地呢？"米高的父母找到杨飞的父母，希望他们能看在之前是邻居的情分上，庭外和解。

"如果黄武没死，我们根本不会起诉你儿子。"杨飞的父母断然拒绝了他们的请求。无奈，米高的父母只得为米高请了本市最好的律师。

"由于《宪法》第三十七条规定，禁止非法拘禁和以其他方法非法剥夺或者限制公民的人身自由。米高的行为属于非法拘禁，不一定能胜诉。"律师表示只能尽力而为。

《刑法》第二百三十八条第一款规定，非法拘禁他人或者以其他方法非法剥夺他人人身自由的，处三年以下有期徒刑、拘役、管制或者剥夺政治权利。具有殴打、侮辱情节的，从重处罚。事发时，被告米高采用将杨飞关在卧室的方式剥夺了杨飞的人身自由，具备非法拘禁情节。

但是鉴于米高不是出于非法目的拘禁杨飞，只是为了让杨飞安心学习才做出拘禁行为，而且米高真诚悔罪，愿意赔偿杨飞的精神损失，法官建议双方进行刑事和解。《刑事诉讼法》第二百八十八条规定，下列公诉案件，犯罪嫌疑人、被告人真诚悔罪，通过向被害人赔偿损失、赔礼道歉等方式获得被害人谅解，被害人自愿和解的，双方当事人可以和解：（一）因民间纠纷引起，涉嫌刑法分则第四章、第五章规定的犯罪案件，可能判处三年有期徒刑以下刑罚的……

在法官的调解下，米高向杨飞赔礼道歉，同时米高家人赔偿杨飞6万元的精神损失费，双方和解。所以青少年一定要学法、懂法、守法，别让不懂法害了你。

（文中人物均为化名）

法律知识链接

非法拘禁罪是指以拘押、禁闭或者其他强制方法，非法剥夺他人人身自由的行为。

《刑法》第二百三十八条第一款规定，非法拘禁他人或者以其他方法非法剥夺他人人身自由的，处三年以下有期徒刑、拘役、管制或者剥夺政治权利。具有殴打、侮辱情节的，从重处罚。事发时，被告米高采用将杨飞关在卧室的方式剥夺了杨飞的人身自由，具备非法拘禁情节。

《刑事诉讼法》第二百八十八条规定，下列公诉案件，犯罪嫌疑人、被告人真诚悔罪，通过向被害人赔偿损失、赔礼道歉等方式获得被害人谅解，被害人自愿和解的，双方当事人可以和解：（一）因民间纠纷引起，涉嫌刑法分则第四章、第五章规定的犯罪案件，可能判处三年有期徒刑以下刑罚的……

6. 瓜棚纵火案

35

酷夏的一天深夜，天气异常闷热。在云南省某市一个偏远的山村里，纳凉的村民们无法抗拒劳作的疲惫，一个个走进房屋，沉沉入睡。

与山村一山之隔的山坳内，看瓜人阿七公借着手电光在瓜地里转悠了一圈，见没什么动静，便回到瓜棚，惬意地喝着早已备好的睡前茶。不知为什么，他刚喝几口就感到倦意十足。阿七公躺在临时搭建的简陋竹床上闭目而卧，很快便进入梦乡。半夜时分，瓜棚燃起一场大火，阿七公葬身火海……

下半夜，一名村民上厕所时看到瓜棚的方向一片火光，感觉不妙，立即叫醒其他村民。大家走进山坳，发现了已烧成灰烬的瓜棚和被烧焦的阿七公。案情重大，村长立即向当地派出所报了案。

由于事发时段该地区持续高温，已接连发生了几起森林火灾，所以余所长怀疑是气温过高引发的火灾，他们对现场进行了一番仔细的勘查，结果发现瓜棚周围没有易燃物品，而且其地势处于凹处，比较潮湿，不存在引发森林火灾的潜在条件。

余所长由此推断出这场大火绝非偶然，他怀疑是有人故意纵火，而且纵火之人极有可能是针对阿七公的。

阿七公家境贫寒，孤身一人，没有亲戚朋友，靠帮人看守瓜地的微薄收入生活，极其拮据，所以余所长很快排除图财害命的可能性。

"难道是仇杀？"助手小吴在一旁提醒。

经小吴这么一提醒，村民们立即提供了一条线索：几年前，阿七公经常和一个名叫李春的外乡货郎混在一起。有一次，两人喝醉酒发生口角，大打出手。之后，两人形同陌路……

"立即调查李春！"余所长认为不能排除李春报复杀人的可能性，于是向村民进一步打探到了李春的详细住址。

第二天一大早，余所长和小吴来到李春的住址，准备对其展开调查。没想到的是，当地人告诉他们："李春在一个月前已经因病去世了。"

"死人是不会放火的。"小吴遗憾地摇着头。

"但活人却能！"为了慎重起见，余所长又对李春的家人做了一番调查，结果发现其家人为人厚道，且知书达理，不太可能为积怨纵火。更重要的是，他的家人均没有作案时间。

唯一的线索断了，案件又变得没有任何头绪。余所长一筹莫展，夜不能寐。

一天后，瓜地老板整理瓜地时发现了一个精致的不锈钢雕花水杯，他一眼便认出是阿七公的。瓜地老板对阿七公很了解，知道他特别钟爱这个杯子，不明白他为什么把杯子扔在地里，心想这或许对破案有帮助，于是拨通了余所长的电话。

余所长一听，立即警觉起来，和小吴赶到现场，提取了水杯上的指纹。经比对，指纹竟然来自本村14岁的未成年人李丹。余所长立即对其进行了问讯。

据李丹交代，纵火的人是他的同班同学张一凡、马发。

几乎没费什么工夫，小吴和警员们就在一家网吧找到了张一凡、马发。经过讯问，他们对自己的罪行供认不讳。

原来，张一凡、马发、李丹三个人常常聚在一起看暴力片，打暴力游戏。在游戏中，他们的心灵变得扭曲。渐渐地，他们不满足于虚拟的游戏，有了付诸实践的想法。因为之前他们偷瓜，被阿七公告到学校，所以他们打算拿阿七公"做实验"。为此，三个人凑在一起密谋了好一阵子……

"我们会不会被判刑？"交代完毕，张一凡、马发这才意识到自己犯下的错误有多么严重，两个人越发心虚。

"《刑法》第一百一十五条第一款规定，放火、决水、爆炸以及投放毒害性、放射性、传染病病原体等物质或者以其他危险方法致人重伤、死亡或者使公私财产遭受重大损失的，处十年以上有期徒刑、无期徒刑或者死刑。《刑法》第十七条规定，年满14周岁的人犯放火罪的应当负刑事责任。你俩已年满14周岁，可以定罪并承担刑事责任。"余所长说。

"事发时，张一凡、马发两人趁阿七公离开投放安眠药，等他喝下昏睡后放火，我只在一旁看着，没有参与投药，也没放火，我应该没罪吧？"事发时，李丹"怯场"，只在张一凡、马发两人纵火前看上雕花水杯，想据为己有，但终究没带走雕花水杯，他认为自己没有过错，于是试探着问。

"即便在一旁没有实际动手，也构成犯罪呀！"面对法盲少年，余所长发出一声长叹。

（文中人物均为化名）

法律知识链接

《刑法》第一百一十五条第一款规定，放火、决水、爆炸以及投放毒害性、放射性、传染病病原体等物质或者以其他危险方法致人重伤、死亡或者使公私财产遭受重大损失的，处十年以上有期徒刑、无期徒刑或者死刑。

《刑法》第十七条规定，年满14周岁的人犯放火罪的应当负刑事责任。

《刑法》第二十五条第一款规定："共同犯罪是指二人以上共同故意犯罪。"张一凡、马发直接参与纵火已经构成犯罪。李丹虽然没有动手，但是他在张一凡提出纵火预谋的时候并没有持反对意见，主观上已经具备纵火的共同故意，他在现场观看的行为已经构成了共同犯罪。

根据对共同犯罪通常采用的"部分行为整体责任"的归责原则，所有参与共同犯罪的人员都应当对属于共同犯罪故意范围内的最终危害结果承担刑事责任。当共谋而实行者所参与的共同犯罪成立时，共谋但未实行者也已经构成犯罪。所以本案中，李丹虽然只是在一旁观看，也构成犯罪。

7. 不能买的名牌手机

　　高考结束后的第三天，某中学高三五班的同学们举办了一次同学聚会。或许是即将"走向社会"的缘故，同学们的穿着都变得有些时尚。贫困生方颖也去了，他的穿着虽然不像其他同学那样时髦，但他时不时地摆弄着一款 iPhone 手机，这给他增色不少。同学们不明白一向节俭的方颖，为什么突然也凑起名牌手机的热闹，一个个瞪大了双眼，好奇而又羡慕地看着他。

　　正当大家为之疑惑不解时，两名警察来到聚会现场。他们对所有人进行一番扫视后，来到方颖的面前，在亮出证件后，让方颖把手里的手机拿给他们看看。方颖不明白发生了什么，但还是把手机递了过来。警察把手机拿在手里仔细观察之后，眉头渐渐地拧成了一个结。

　　同学们一看情况不对，都迅速围聚过来，希望能帮到方颖。

　　"你的电话号码是多少？"其中一名警察问方颖。方颖如实回答。

　　另一名警察掏出手机，拨打方颖报出的号码，方颖的手机立即响了起来。接着警察拿出一张单子，又在方颖的 iPhone 手机上按了几个按键，显示出这台手机的序列号，结果和单子上记录的序列号一模一样。

　　"怎么会一模一样？"同学们知道一台 iPhone 只有一个序列号，方颖有手机却没有序列号，这就意味着他的手机来路不正。

"人赃俱获，请你说说手机的来历！"警察怀疑方颖偷了手机，厉声要求他解释清楚手机的来历。

"我……我……"方颖的脸红到了耳根。

"带走！"警察见状，更加坚信方颖有偷盗手机的嫌疑，要带他去警局做进一步调查。

"我没偷！"紧要关头，方颖憋出一句话。

因为方颖平时的表现一直很好，成绩优秀，虽然家庭贫困，但是从来没有偷盗的前科。方颖这么一说，同学们心里立刻有了底。大家纷纷替他求情。

"五天前，张先生在步行街散步时，手机被盗。事发后，他立即报警。我们利用 iPhone 的定位系统确定了手机的位置，才找到这里来。现在，人赃俱获，你还有什么可说的？"其中一名警察说出事情的来龙去脉。

"反正，我……我没偷！"方颖变得结巴起来。

"除非你能提供有力的证据。"其中一名警察说。

"五天前，我们在参加高考，方颖也在，他不可能偷窃……"同学们反应过来，大家给方颖做了不在场的证词。

"既然你没偷，那手机为何在你手里？"警察问道。

"这，这……"方颖低低地垂下头，说出了事情的经过。

方颖特别喜欢手机，前两天，高考结束的他路过天桥，遇到了一个兜售手机的中年人。那个人拦住方颖，拿出一部 iPhone 手机，说可以低价卖给他。

方颖眼睛一亮，便问了价格。

"小伙子，看你很喜欢手机的分儿上，500元卖给你。"那人显得财大气粗。

方颖听同学们说新iPhone起码要几千元，没想到眼前的手机如此便宜，他很想买，但手里仅有300元现金。方颖面露难色地把钱攥在手心。

没想到那人拍拍方颖的肩，答应一口价300元成交。

事后，方颖欣喜若狂地换上自己的电话卡，又去营业厅开了网络，像个宝贝似的整天把名牌手机捧在手上。

"这部手机是赃物，你替人销赃，还是得跟我们走一趟。"警察通知方颖的家长后，带走了方颖。

"他会怎么样？"同学们跑到班主任那里，请求"支援"。

"《刑法》第三百一十二条第一款规定，明知是犯罪所得及其产生的收益而予以窝藏、转移、收购、代为销售或者以其他方法掩饰、隐瞒的，处三年以下有期徒刑、拘役或者管制，并处或者单处罚金；情节严重的，处三年以上七年以下有期徒刑，并处罚金。"班主任是法学爱好者，她耸耸肩，无可奈何地说。

"可他买的时候只是贪图便宜，并不知是赃物。"同学们心存侥幸。

"窝赃、销赃罪，是指明知是犯罪所得的赃物而予以窝藏、转移、收购或者代为销售的行为。构成窝赃、销赃罪要明知所窝藏、转移、收购或者代为销售的物品是犯罪所得的赃物。对于事实上窝藏、转移、收购或者销售了赃物，但不知情的，不构成犯罪。"班主任说。

"也就是说，他没罪。"同学们如释重负。

"但他已经18周岁，属于成年人了，具备一定的辨识能力。对于手机是不是赃物的知情问题应由法院来裁定。"班主任的话让大家的心又悬了起来。

（文中人物均为化名）

法律知识链接

窝赃、销赃罪是指明知是犯罪所得的赃物而予以窝藏、转移、收购或者代为销售的行为。构成窝赃、销赃罪要明知所窝藏、转移、收购或者代为销售的物品是犯罪所得的赃物。对于事实上窝藏、转移、收购或者销售了赃物，但不知情的，不构成犯罪。

《刑法》第三百一十二条第一款规定，明知是犯罪所得及其产生的收益而予以窝藏、转移、收购、代为销售或者以其他方法掩饰、隐瞒的，处三年以下有期徒刑、拘役或者管制，并处或者单处罚金；情节严重的，处三年以上七年以下有期徒刑，并处罚金。

《刑法》第六十四条规定，犯罪分子违法所得的一切财物，应当予以追缴或者责令退赔；对被害人的合法财产，应当及时返还；违禁品和供犯罪所用的本人财物，应当予以没收。没收的财物和罚金，一律上缴国库，不得挪用和自行处理。

　　本故事中，方颖已满18周岁，具有一定的辨识能力。他对于手机是不是赃物的知情问题应由法院来裁定。切记：不要以低价购买赃物，千万不要触碰法律"高压线"。

8. 一根甘蔗引发的血案

西坝人爱种甘蔗，成亩成片地种。一到收获季节，一根根丈高的甘蔗组成蔗林，看上去颇为壮观。风一吹，一层层蔗浪被掀起，一波又一波，像海浪翻滚，又像千军万马，美得无法形容。六年前，那片让蔗民们引以为豪的蔗林飘出了骇人的血腥味儿……

那天正午时分，进城卖甘蔗的张晓红回到家，正要为家人准备午饭。突然，院子里跑进一个人，那人慌慌张张地对她喊道："晓红，快，快点……你爸爸被人砍了！"

张晓红的爸爸和妈妈在蔗林里收割甘蔗，怎么突然就被人砍了呢？这个晴天霹雳的消息差点把她吓晕过去。

张晓红放下手中的活儿，拼命地往外跑。在自家的甘蔗林里，张晓红看到了令她终生难忘的一幕惨剧：慈祥的父亲身中数刀，倒在地上已没了气息，母亲正被凶手追赶……张晓红看到凶手竟是与自己同村的小远，但她不明白小远为什么会向自己的家人举起屠刀。在她还未回过神的当儿，凶手又挥舞着匕首向她扑了过来。

这时，闻讯赶来的警察鸣枪警告，张晓红和母亲才得以逃脱。公安机关立刻将凶手拘捕归案。

由于经受不了这突如其来的打击，张晓红精神失常，住进了精神病院。

是什么导致惨案发生？凶犯小远和张晓红家究竟有什么解

不开的仇怨？惨案发生后，警方立即提审了凶犯小远。

遗憾的是，小远的情绪异常亢奋，表现出一副疯疯癫癫的模样，什么也问不出来。

"精神病人在不能辨认或者不能控制自己行为的时候造成危害结果，是不负刑事责任的。如果嫌疑人的精神有问题，那么这将是一起难以收场的案件……"面对如此惨绝人寰的凶杀案，民警老王兀自叹息。

但是，这个小远究竟是不是精神病患者呢？案发前，究竟发生了什么事？老王眉头紧锁。

为了弄清事情原委，他来到张晓红家中了解情况。当时，张晓红的母亲在场，她还原了案发时的情景：正午时分，蔗民纷纷回家吃午饭，甘蔗林变得有些安静。为了把余下的活儿干完，张晓红的父母决定留下来多干一会儿。这时，同村的小远来到蔗林，他二话不说，随手拿起一根甘蔗啃了起来。张晓红父亲觉得小远不应该如此随便拿人东西，便喝止了一声，这让小远觉得很没面子。于是两人发生口角。之后，惨案便发生了……

但是，事实的真相真是这样吗？老王不能仅凭一面之词而得出结论。他还需要凶手的口供，于是他加大了审讯力度。没想到的是，小远仍然一副疯疯癫癫的样子。

"这个小远并不是精神病患者，他刚满 18 岁，职高毕业后没有工作，整天上网行骗，无恶不作。"张晓红的二叔和村民们赶来提供了小远的情况。

"司法机关对精神病的认定不会只看表面，它需要经过专门的司法机构鉴定才能认定！"老王把小远带到指定的精神病司法鉴定机构。经鉴定，小远属于装疯。

"你为何要做出如此惨绝人寰的事？"老王问。

此时，小远再也不能用装疯卖傻来敷衍行事，他老老实实地交代了事情的来龙去脉。原来，他真的是为了一根甘蔗大开杀戒。事后，他记得有人说过精神病患者犯罪可以不负刑事责任，于是便开始装疯卖傻。但没想到的是，他的计谋最终没有瞒过鉴定部门的火眼金睛。

"我很后悔自己的冲动，希望能看在冲动的分儿上减轻处罚。"小远知道自己的错误不可弥补，但他还是心存侥幸地提出了这个要求。

"法律是公正而神圣的，不管犯案者冲动与否，它都会作出公正的裁决。所以，你千万不要心存侥幸……"小远被移交法院，等候审判。

庭审那天，西坝的村民都来了。

"根据《刑法》第二百三十四条的规定，故意伤害他人身体，致人重伤的，处三年以上十年以下有期徒刑；致人死亡或者以特别残忍手段致人重伤造成严重残疾的，处十年以上有期徒刑、无期徒刑或者死刑。小远故意杀人，情节恶劣，且不知悔改。本庭经过合议，判处小远死刑，缓期两年执行……"结果，小远被判死刑。

"是冲动毁了我的人生啊！"听完宣判，小远发出撕心裂肺的哭喊。

（文中人物均为化名）

法律知识链接

《刑法》第二百三十四条规定，故意伤害他人身体，致人重伤的，处三年以上十年以下有期徒刑；致人死亡或者以特别残忍手段致人重伤造成严重残疾的，处十年以上有期徒刑、无期徒刑或者死刑。

《刑法》第十八条规定，精神病人在不能辨认或者不能控制自己行为的时候造成危害结果，经法定程序鉴定确认的，不负刑事责任，但是应当责令他的家属或者监护人严加看管和治疗；在必要的时候，由政府强制医疗。间歇性的精神病人在精神正常的时候犯罪，应当负刑事责任。

本故事中，小远因冲动杀人，他并非精神病患者，因此故意杀人罪名成立。

第二辑　维权篇 ▮▮▮▮

1."无人买单"的车祸赔偿

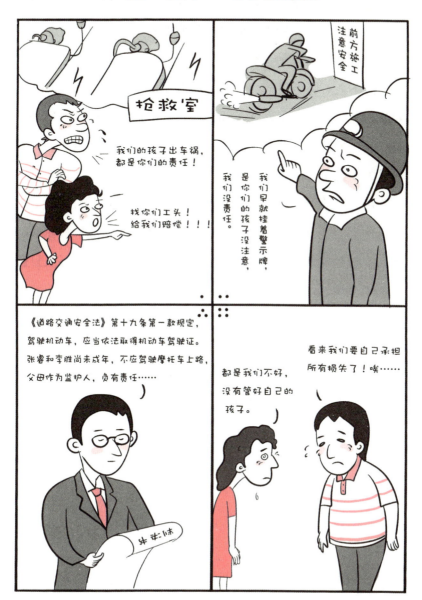

　　张睿和李胜是四川某中学初三的学生，刚满 15 周岁。因为有许多共同爱好，所以他俩平时经常在一起玩，如果遇上张睿买了什么东西，李胜也非得缠着父母给他买同样的东西。

　　前不久，张睿见社会上一些小青年骑摩托车飙车既惊险又刺激，很是羡慕，他在父母面前一番软磨硬泡之后，得到了一辆崭新的摩托车。李胜见了，立即回家叫父母也给他买了一辆同样的摩托车。

　　每天一放学，张睿和李胜就骑上摩托车到附近的马路上飙车。他们的速度快得惊人，又喜欢搞一些恶作剧，常常在过往行人身边呼啸而过，让人惊出一身冷汗。久而久之，行人只得对他俩避而远之。有时，他们与过往大货车贴近行驶、并驾齐驱，还肆意大声谈笑，那些大货车司机不得不减速停车，等他俩过去了再启动车辆。

　　因为沉迷于飙车，张睿和李胜的成绩急速下滑。班主任知道后，立即发出禁止他俩骑摩托车的通知，并请其父母监督执行。

　　张睿和李胜的父母得知儿子成绩下滑，立即没收了他们的摩托车钥匙。

　　"我保证把学习成绩提高上去。"为了要回车钥匙，张睿在父母面前立下"军令状"。

　　"只能星期天骑。"父母见状也就顺势把摩托车钥匙还给了张睿。

李胜受到启发，也如法炮制，拿回了车钥匙。

在一个天气晴朗的星期天，张睿和李胜又相约去飙车。两家父母见他俩这段时间成绩提高了不少，也没多加阻拦。

开始的时候，他俩还算老实，骑得很慢。但没过多久，他们就觉得不过瘾，双双加速，又在路上风驰电掣起来。

其间，张睿差点撞到路边的一位老人。

"小伙子，小心驶得万年船，骑慢一点有什么不好呢？"老人摇摇头，无奈地提醒道。

张睿认为老人触到了自己的霉头，一声不吭地骑着摩托车飞驰而去。为了能尽情飙车，他们索性来到城郊一条行人相对较少的公路上。因为维修改道，很多车辆绕道而行，所以这条公路上的车辆很少。张睿和李胜无视路旁的警示牌，把车速调到最大挡。听着风声"呼呼"从耳边飞过，他们还肆意地发出几声"狮子吼"。

正当张睿和李胜得意扬扬之际，一位埋头摆放锥形筒的工人进入他们的视线。为了绕过工人，张睿和李胜来了个急转弯，但由于刹车不及，只听"砰"的一声，他们的摩托车撞在一起，两个人栽倒在地，当场昏迷……

醒来已经是第二天清晨，医生告诉他俩，张睿的肋骨摔断4根，李胜的腿摔断不说，脑部也受损。他俩必须在医院待上很长一段时间，还将花去一大笔医药费。

"都怪你家张睿，没事买什么摩托车呀！"李胜的父母十分不满地抱怨。

张睿的父母心想，自己给儿子买摩托车与别人无关，于是不服气地和李胜的父母吵了起来。

"我们是为了绕过施工现场的工人才出车祸的。"张睿和李胜回忆事发时的情景，认为应该去找那个工人算账。

张睿和李胜的父母几乎没费什么工夫，就找到了那位工人。可工人认为他只是按工作要求摆放施工标志，与事故没有任何关系。

"我们找你的工头。"张睿和李胜的父母觉得工人不讲理，又找到工头。工头指着前方的警示牌说："十天前，这里就挂上了施工的警示牌，是孩子们自己没注意才造成了这一后果。"

张睿和李胜的父母又找到交通局，结果交通局证实了这个事实。因为之前他们曾经到此处做过考察，觉得这条公路应该维护，并亲自挂上了警示牌。

没办法，张睿和李胜的父母又想到张睿和李胜是在校学生，便去找学校赔偿。但学校也拒不赔偿。

为了获得车祸赔偿，张睿和李胜的父母给他们做了伤情鉴定，并把工人、工头和学校全都告上了法庭。

"教育部《学生伤害事故处理办法》第十三条规定，其他在学校管理职责范围外发生的事故，学校行为并无不当的，不承担事故责任。此次事故前，班主任曾发出禁骑摩托车的通知，并通知家长，履行了教育职责，并无过错。"法院不支持他们的请求，"施工现场已有警示牌，所以事故与施工工人和工头也无关……"

"难道就没有人为这次车祸赔偿'买单'了吗？"张睿和李胜的父母愕然。

"《道路交通安全法》第十九条第一款规定，驾驶机动车，应当依法取得机动车驾驶证。同样，《未成年人保护法》和《民法典》也规定，父母或者其他监护人应当创造良好、和睦的家庭环境，依法履行对未成年人的监护职责和抚养义务。张睿和李胜属于未成年人，不具备驾驶资格，骑摩托车上路自然违反了《道路交通安全法》，其监护人具有不可推卸的责任，所以车祸产生的医疗费应当由监护人自行承担。"法院给出最后判决。

"看来，维权也应有充分的法律依据呀！"这个结果令张睿和李胜的父母倍感意外，也给像张睿和李胜这样的飙车一族以警示。

（文中人物均为化名）

法律知识链接

《道路交通安全法》第十九条第一款规定，驾驶机动车，应当依法取得机动车驾驶证。

根据《未成年人保护法》第七条、第十五条、第十六条以及《民法典》第二十六条的规定，父母或者其他监护人应当创造良好、和睦、文明的家庭环境，依法履行对未成年人的监护职责和抚养义务。

本故事中，张睿和李胜属于未成年人，不具备驾驶资格，骑摩托车上路违反了《道路交通安全法》，其监护人具有不可推卸的责任，所以车祸产生的医疗费应当由监护人自行承担。

2. 借条中的诡计

　　暑假，十年寒窗苦读的小轩收到大学录取通知书，高兴之余他开始为学费发愁了。这时，他想起五年前父亲曾借给二叔两万元，便和父亲拿着借条去催款。没想到二叔只冷冷地看了他们一眼，连一点还钱的意思也没有，还扬言写了借条并不意味着就得还钱。小轩对二叔的态度倍感意外，但他拿着借条看了半天也没看出端倪。

　　小轩心想，欠债还钱天经地义，便和二叔争执起来。不想，二叔竟然气焰嚣张地说，不管小轩告到哪里，他都不怕。为了能让二叔还钱，父亲心一横，决定把二叔告上法庭，于是他拿着借条找了家律师事务所咨询。律师一看，遗憾地告诉他借条已不具备法律效力。这让小轩父子瞠目结舌……

　　小轩在很小的时候母亲就去世了，父子俩相依为命。为了供小轩上学，父亲省吃俭用，好不容易攒下两万元，打算留给小轩上大学用。

　　二叔一家住在城里。平时两家基本没什么来往。

　　五年前的一天，二叔提着丰厚的礼物突然从城里来到小轩家。一番攀谈之后，他说出自己的苦衷。原来，二叔的公司遇到了严重的资金问题，他希望小轩的父亲能帮忙想想办法。

　　小轩的父亲生性憨厚，见兄弟有难，说什么也得帮一把，他决定把攒下的两万元借给二叔。但转念一想，那钱是供小轩上大学用的，便迟疑了一下。

二叔看出小轩父亲的心思，忙说半年之内公司就会有起色，到时候他就会把钱还上。

小轩父亲掐指一算，小轩上大学还早，便慷慨地把钱借给了二叔。

二叔拿到钱之后，感激涕零地写好借条，并在借条上注明了半年的还款期限，还口口声声保证到时一定连本带利归还。

小轩父亲见二叔言辞如此恳切，也就没把这事放在心上。

半年一晃而过，到了二叔还款的期限。但恰好此时，二叔的公司出了更严重的经济危机。小轩的父亲见状，也就没多问。

一年后，二叔的公司有了很大起色。小轩父亲以为二叔应该还钱了，但二叔那边一点还钱的动静都没有。

碍于面子，小轩的父亲也不好直接问二叔要。但他心里还是希望二叔尽快还钱，便抽时间去了趟小轩的二叔家。

二叔见到小轩的父亲，显得非常热情，大谈公司正在拓展业务，还说一旦成功，几百万、几千万都不在话下。

小轩父亲心想，既然兄弟的公司办得如此大，自己区区的两万元算得了什么？再说，借条在手，也没什么可担心的，于是到嘴边的话又咽了回去。

就这样，四年时间很快过去，这才出现本文开头的一幕。

"借条是小轩的二叔亲自所写，怎么会不具备法律效力？"小轩的父亲一想到儿子的学费没了着落，便忍不住老泪纵横。

《民法典》第一百八十八条第一款规定：'向人民法院请求

保护民事权利的诉讼时效期间为三年。法律另有规定的，依照其规定。'这表明，我国民事诉讼的一般诉讼时效期间为三年。你们状告二叔借钱不还，属于因财产关系提起的民事诉讼，诉讼时效期间也为三年。"律师无可奈何地耸耸肩，"你在知道自己的权利被侵害的情况下，过了四年才提起诉讼，已经超过了诉讼时效，所以人民法院不予保护。"

"之前，我同学家也有一起关于借条的案件，人家就胜诉了。"小轩在一旁不服气地说。

"那件案子的借条上没有标明还款日期。《民法典》第一百八十八条还规定：'……自权利受到损害之日起超过二十年的，人民法院不予保护……'根据这一规定，最长的诉讼时效是从权利被侵害之日起计算，权利享有人不知道自己的权利被侵害，时效最长为20年，超过20年，人民法院不予保护。"那起借条案件的辩护律师就是他们面前的这位律师，她耐心地解释，"他们胜诉的关键在于借条上没有标明还款日期，所以诉讼时效为20年。"

"如果当初二叔没有写明还款时间，那么诉讼时效就应为20年了。"小轩明白过来了。

"这是你二叔的诡计。"小轩父亲直后悔当初顾及兄弟情谊，耽误了追债时机，捶胸顿足起来。

"无可挽回了吗？"眼看就要开学，小轩急得不得了。

"除非你能提供在诉讼时效期间内向你二叔讨债的证据。"

律师很同情小轩父子，她若有所思地说。

小轩眼睛一亮，想起两年多以前父亲病重的时候，他曾经向二叔讨过一次债，为了不让父亲知道，他悄悄地发了信息给二叔，二叔回信息说过一段时间还钱，之后也没有回音。

"信息还在吗？"律师一听，立即来了精神。

"在！"小轩拿出手机，很快翻出那条信息。

律师一看，信心百倍地表示，官司一定能胜。有了律师的肯定回答，小轩父子果真把二叔告上法庭，结果胜诉。

"借条已经过了诉讼时效，怎么还……"休庭后，二叔沮丧地低垂着头。

"《民法典》第一百九十五条规定，有权利人向义务人提出履行请求情形的，诉讼时效中断，从中断、有关程序终结时起，诉讼时效期间重新计算。小轩在借条没有过诉讼时效期间内提出还款要求，引起了诉讼时效的中断，故诉讼时效从两年多前重新计算，法院当然予以支持。"律师解释得头头是道。

"兄弟，你这是'只知其一，不知其二'呀！"小轩的父亲意味深长地说。

不久，二叔怀着歉疚的心情归还了欠款，小轩得以顺利继续学业。

（文中人物均为化名）

法律知识链接

《民法典》第一百八十八条规定，向人民法院请求保护民事权利的诉讼时效期间为 3 年。法律另有规定的，依照其规定。诉讼时效期间自权利人知道或者应当知道权利受到损害以及义务人之日起计算。法律另有规定的，依照其规定。但是，自权利受到损害之日起超过 20 年的，人民法院不予保护；有特殊情况的，人民法院可以根据权利人的申请决定延长。第一百九十五条第一款规定，有权利人向义务人提出履行请求情形的，诉讼时效中断，从中断、有关程序终结时起，诉讼时效期间重新计算。

本故事中，小轩在借条没有错过诉讼时效期间内提出还款要求，引起了诉讼时效的中断，故诉讼时效从两年多以前重新计算，法院当然予以支持。

3. 被出版的博文

马小东是江苏省某中学初一的学生，今年刚满 13 岁。几年前，小东爱上了写博文。为此，他博览群书，花了很多心思，因此他的博文中不乏优秀之作。前不久，小东无意间发现他的博文被结集出版。博文变成纸质出版物，在一定程度上是对网络文字的肯定。按理说，小东应该感到高兴，可他却怎么也高兴不起来。

小东发现自己的博文被出版纯属偶然。那天，小东为了查资料，一个人去了书店。他查完资料后，习惯性地在书架前徘徊。很快，一本名为《青苹果》的散文集引起了他的注意。小东很喜欢散文，忍不住取下翻看，没想到他一眼就认出了书中的内容其实就是自己写的博文。小东心头一热，全身的血液瞬时沸腾起来，但当他再仔细看时，心情立刻跌落到冰点——这本书的作者署名为"佐佐木"，而不是"马小东"。

在小东的记忆中，他从来就不认识一个叫佐佐木的人，更不明白此人为什么会在他的文章中署名。小东越想越气，回家后便把这件事告诉了父母。

小东的父母在工厂做临时工，文化不高，但他们明白出版儿子的博文却没有署上儿子的名字的行为，属于侵权行为。为了弄清事情原委，给小东讨回公道，他们让小东回忆之前有没有向哪家出版社投过稿。

小东记得自己压根就没有向哪家出版社投过稿，但经父母这么一提醒，他倒是想起之前有一位自称是张鑫的编辑曾向他约稿。

当时，张鑫编辑通过微信告诉小东他在一家网站工作，还说他无意间浏览到小东的博文，觉得很适合该网站的风格，于是让小东把稿子整理好发过去，以便刊载。小东看到自己的博文得到承认很高兴，于是爽快地答应了。当他把博文整理成集，准备发稿时，却与张鑫失去了联系，事情就此不了了之，小东也没太在意这事。

"难道张鑫与小东的博文被出版有关？"小东和父母把矛头指向失联的编辑，但由于无凭无据，又找不到其本人，也只得就此作罢。

由于小东的博文是被出版社出版的，所以小东父母猜测可能是出版社在网上看中小东的博文，没有经过小东允许，便在小东的博客中直接下载，并结集出版。于是他们把电话打到出版社，向出版社询问详情。

出版社的负责人否定了小东父母的猜测，并告诉他们这本书的出版完全是按照正规流程进行的，并不存在截取网络博文的情况。

"那么，佐佐木是谁呢？"小东父母见事情有了转机，赶忙追问道。

"佐佐木是笔名。作者的真名叫张鑫，是一个网站的编辑。"出版社负责人非常肯定地告诉小东父母。

"张鑫？"小东心里一惊，终于明白之前张鑫为什么和自己失去联系，不接受投稿，原来他私自窃取了博文。

为了维权，小东和父母果断报警。警方通过种种途径找到了张鑫。通过进一步了解，他们发现张鑫虽然名义上是网站的编辑，实则是一个不到 20 岁的小伙子。因为电脑操作熟练，便做了网站工作人员，干的根本不是编辑工作。

张鑫见到小东之后并不惊慌，反而说他才是此书的真正作者。

"可是，那些文章是我花费了很多精力才创作而成的，原创作者是我。"小东很不服气。

张鑫一听，义正词严地拿出书，指着署名说，纸质书本才是真正的出版。这似乎更加证明他才是本书的原创作者。

小东父母也不明白博文发表和纸质书究竟哪一个更具权威，被张鑫这么一说，心里没了底儿，他们带着小东悻悻地离开了。

回家后，小东整天闷闷不乐。父母看在眼里，急在心里。

小东父母觉得此事应当据理力争，于是找了一位律师作为中间人找张鑫谈话。

"根据《著作权法》第二条的规定，不论作品是否发表，都受著作权法的保护……小东写的文章虽然只发表在自己的博客上，没有进行纸质发表，但作品从他写成的那一刻开始，著作权就已经属于他了。"律师找到张鑫，毫不客气地摆出法律条款。

"我主要是考虑他未成年，不具备享有著作权的资格，所以想与他平分……"张鑫见事情并不像自己想的那么简单，于是退一步说话。

"我的作品我做主，不可能与谁平分。"小东知道张鑫的想法后固执地昂起头。小东的父母随即把张鑫告上法庭。

"小东是未成年人，连选举权和被选举权都没有，怎么可能会享有著作权？"张鑫心里的算盘落空，不解地问。

《著作权法》第十一条规定，著作权属于作者。创作作品的自然人是作者。根据该法对作者的定义我们可以得出，创作是自然人成为作者的唯一条件，即一个自然人，不论其性别、年龄等，只要是用自己的脑力劳动创作出来的作品，该自然人就是这个作品的作者，包括未成年人在内。所以小东虽然是未成年人，但其对自己创作的作品享有著作权。法官最终判决小东胜诉。

"人间自有公道在。"小东感到很高兴。

（文中人物均为化名）

法律知识链接

著作权也称版权，是指文学、艺术、科学作品的作者依法对其作品享有的一系列的专有权。它是一种特殊的民事权利，与工业产权一道构成知识产权的主要内容。

根据《著作权法》第二条的规定，不论作品是否发表，都享有著作权。所以这里面最大的一个问题其实就是举证，证明自己是作者，这样才能证明自己著作权人的身份。

《民法典》第二十条规定，不满8周岁的未成年人为无民事行为能力人，由其法定代理人实施民事法律行为。第十九条规定，8周岁以上的未成年人为限制民事行为能力人，实施民事法律行为由其法定代理人代理或者经其法定代理人同意、追认；但是，可以独立实施纯获利益的民事法律行为或者与其年龄、智力相适应的民事法律行为。据此，这种限制民事行为能力的人，仅仅说明他们一般没有实现权利、承担义务的能力，并不说明他们没有这种资格。

本故事中，马小东写的文章虽然只发表在自己的博客上，没有进行纸质发表，但作品从他写成那一刻开始，著作权就属于他。

张鑫混淆了政治权利和民事权利。选举权和被选举权是我国宪法赋予公民的政治权利，拥有这项权利必须具备一定的年龄条件，即18周岁以上的成年人。但著作权属于民事权利，《民法典》第十三条规定，自然人从出生时起到死亡时止，具有民事权利能力，依法享有民事权利，承担民事义务。也就是说，只要是公民就享有民事权利。

4. 彩票中奖引风波

　　刘玲今年 13 岁，正在读初一。刘玲的父母是彩票迷，时常在家里大谈彩票理论。耳濡目染之下，小小年纪的刘玲也做起了彩票梦，经常在同学们面前说自己有朝一日必定会中大奖。同学们对她的话嗤之以鼻。然而，令大家没想到的是，今年春节，刘玲果真中奖了，奖金为 1 万元，这让同学们羡慕不已。不过，这事却在刘玲家引发了一场不小的风波。

　　春节的一天，刘玲的舅舅、舅妈带着小表妹到刘玲家做客。由于刘玲的舅舅、舅妈喜欢打麻将，所以刘玲的父母便陪着他们在家打麻将。刘玲的父母为了不受干扰，索性给了刘玲和比刘玲小一岁的表妹小华一些零花钱，让她们自己去玩。

　　兜里有了钱，两个小姐妹高高兴兴地上街了。当她们路过街口一家小卖部时，意外地看到体彩中心销售彩票的招牌。

　　刘玲从兜里拿出 2 元钱，准备买彩票。但她想起自己以前买彩票从没中过，于是灵机一动，让表妹小华试试"手气"。

　　刘玲付完钱后，小华随手摸了一张彩票。店主告诉她俩，两天后开奖，于是刘玲把彩票揣进衣兜，和表妹继续逛街。

　　两天后，刘玲在网上发现所买的彩票中奖了。她心想，表妹帮着摸奖也有功劳，应该给她 1000 元作为酬劳，于是高高兴兴地把这件事告诉了小华。

　　"姐姐，那张彩票是我摸到的，所以奖金应该平分。"没想到小华觉得姐姐给自己的太少，想要平分。

刘玲算了算，如果和小华平分的话，自己就会少好几千元，她觉得当初只不过是让小华摸奖，又不是表妹出钱买的彩票，所以便一口回绝了小华。

为此，小姐儿俩吵翻了脸，谁也不理谁。舅舅、舅妈和刘玲的父母觉得磨不开面子，就让小姐妹俩自己处理。

"如果不是小华去摸奖，你说不定不会中奖。"小华为了得到更多的钱，便把这件事告到外婆那里。外婆认为小姐妹俩不应该为钱的事闹翻，反正中奖的钱来得也容易，便主张刘玲把奖金平分。

"我出的钱，票在我这里。"刘玲觉得自己在理，请爸爸妈妈做主。

"那就平分吧！"刘玲的爸爸妈妈觉得既然外婆都已经表态了，也没什么好说的，让刘玲退一步说话。

刘玲没办法，只得依了父母的意见。就这样，小姐妹俩拿着彩票来到小卖部兑奖。

"你俩没资格兑奖。"小卖部的店主看了看刘玲小姐妹俩之后，拒绝兑奖。

"我们这可是自己买的彩票，怎么不能兑奖了呢？"店主的话让刘玲和小华感到莫名其妙，两个人不服气地问。

"你俩几岁？"店主漫不经心地问。

"我 13 岁，表妹 12 岁！"刘玲觉得没什么不对。

"我们彩票销售机构规定，不得向未成年人兑奖。你们一个

13 岁，一个 12 岁，都属于未成年人，所以我不能兑奖给你们。"店主非常认真地说。

"彩票是我们用自己的钱所买。"小华不依不饶，定要讨个说法。

"要不，我们五五分。"店主嬉皮笑脸地说。

刘玲心想，自己好不容易中奖，小华平分了一半，如果再让店主分去一些，那就所剩无几了，她说什么也不干。

"那对不起了……"店主说着就把刘玲和小表妹轰出店门。

小姐儿俩闷闷不乐地往家走。

"你俩遇到什么不顺心的事了吗？"回家的路上，正在法学院就读的邻居晓峰看到了她俩，忍不住多问了两句。

"……店主不给我们兑奖！"刘玲把事情的来龙去脉告诉了晓峰。

"《彩票管理条例》第二十六条规定，彩票发行机构、彩票销售机构、彩票代销者应当按照彩票品种的规格和兑奖操作规程兑奖。彩票中奖奖金应当以人民币现金或者现金支票形式一次性兑付。不得向未成年人兑奖。"晓峰听完刘玲的诉说后，告诉她俩店主的做法是对的。

"那我们现在该怎么办？"刘玲问。

"让我去试试。"晓峰来到小卖部。

"《彩票管理条例》第十八条规定，彩票发行机构、彩票销售机构、彩票代销者不得向未成年人销售彩票。你违规操作了，怎么办呢？"晓峰质问店主。

"我退钱就是。"店主拿出 2 元钱给刘玲，心里盘算着拿着刘玲的中奖彩票去领奖。刘玲和小华一见，立即傻眼。

"同时，《彩票管理条例》第四十一条规定，彩票代销者向未成年人销售彩票的，由民政部门、体育行政部门责令改正，处 2000 元以上 1 万元以下罚款；有违法所得的，没收违法所得……彩票代销者因此行为受到处罚的，彩票发行机构、彩票销售机构有权解除彩票代销合同。"晓峰进一步说。

"把彩票交给大人，叫大人来领奖！"店主一听要取消代销合同，立刻换了一种语气。

"对，未成年人不能兑奖，并不等于彩票无效。根据彩票不具名的特点，谁持有彩票，谁就拥有兑奖的权利。任何一名具有完全行为能力的成年人手持中奖彩票，到兑奖机构兑奖，兑奖机构都应予以兑奖。"晓峰已经年满 18 周岁，他接过彩票，帮刘玲兑了奖。后来，小卖部也因向未成年人销售彩票而被处罚。

（文中人物均为化名）

法律知识链接

《彩票管理条例》第十八条规定，彩票发行机构、彩票销售机构、彩票代销者不得向未成年人销售彩票。第二十六条规定，彩票发行机构、彩票销售机构、彩票代销者应当按照彩票品种的规则和兑奖操作规程兑奖。彩票中奖奖金应当以人民币现金或者现金支票形式一次性兑付。不得向未成年人兑奖。第四十一条规定，彩票代销者向未成年人销售彩票的，由民政部门、体育行政部门责令改正，处2000元以上1万元以下罚款；有违法所得的，没收违法所得……彩票代销者因此行为受到处罚的，彩票发行机构、彩票销售机构有权解除彩票代销合同。

本故事中，刘玲和小华是未成年人不能兑奖，但小卖部违规售卖彩票属于违法行为。未成年人不能兑奖，并不等于彩票无效。根据彩票不具名的特点，谁持有彩票，谁就拥有兑奖的权利。任何一名具有完全行为能力的成年人手持中奖彩票，到兑奖机构兑奖，兑奖机构都应予以兑奖。

5."飞来"的百万遗产

初中毕业后，小旭以优异的成绩考上省级示范高中。正当一家人为高昂的学费愁眉不展时，一位律师来到他家。律师向他们宣读了一份百万元遗产的继承遗嘱。

小旭家的亲戚朋友们经济条件都不好，近段时间也没有谁离世，谁会留给他 100 万元？面对"飞来"的遗产，小旭一家人有些忐忑不安。

"钱仲牛先生委托我来办理此事。"律师看出了大家心中的疑虑，于是说明了遗产的来源。

"钱仲牛是谁？"小旭无法想象一个素不相识的人会给自己如此大的恩惠。

"他是一家大公司的股东，这百万资产就是他的股份。你可以选择继续入股，也可以选择以提取现金的方式继承他的遗产。"律师的话让小旭摸不着头脑。他本想再问，但律师接到一个紧急电话，便匆匆离开了。

"之前，你有没有认识什么贵人？"小旭的父母提醒小旭。

小旭努力回忆，也没想到曾经遇到过什么贵人。不过，他想起几个月前发生的一件事。那天，小旭路过一家酒馆时，看到一个烂醉如泥的老头，心生怜悯，便把老人送回家中。之后，小旭了解到老人孤身一人，于是一有空就去陪他说说话。渐渐地，小旭和老人就成了无话不谈的忘年交。小旭曾经跟老人谈起过自己的处境……

"老人叫什么名字？"小旭的父亲问。

"我没问，只记得他的左邻右舍都叫他二牛叔。但他看上去并不像是腰缠万贯的富人。"小旭记得，一个月前老人搬家，之后便杳无音信了。

"中国汉字具有多重意义，'仲'的其中一个解释就是'二'，莫非你认识的二牛叔就是钱仲牛？"小旭的父亲推测说。

正当父子俩纠结小旭所遇到的二牛叔是不是钱仲牛时，一个和小旭年龄相仿的少年来到他家。少年证实了小旭父亲的猜测。

"我叫小伟，是钱仲牛的儿子。前几天，我听说老头子把遗产全给了你。这是真的吗？"少年说话带着质问的语气。

"是有这么回事。"小旭也不想隐瞒什么。

少年一听，非常不高兴，他先是对"老头子"一通埋怨，然后让小旭交出遗产。

"可是，遗产的交接还没办妥。"小旭如实回答。

"你听好了，我叫钱小伟，是老头子的亲儿子，我才是他的法定继承人。你一分钱也别想拿到。"少年的语气很嚣张。

小旭虽然穷，但也不至于贪图钱财，父子俩经过一番商议之后决定钱归原主。但令小旭疑惑的是：二牛叔那么大的年纪，为何会有如此小的儿子？他为什么不把遗产留给儿子呢？

为了解开心中的疑问，小旭决定找之前的律师问清楚。

律师见到小伟后，向小旭证实了小伟正是钱仲牛的儿子。

"难怪有一次二牛叔说我像他儿子，原来是因为年龄相仿。既然这样，我也不必为这飞来的遗产伤脑筋了……"小旭想起之前和二牛叔的谈话。

律师摇摇头，说出了事情的原委：原来，钱仲牛老年得子，对小伟特别宠爱。小伟小时候还比较乖，但随着年龄的增长，越来越不听话，不仅好吃懒做，还叛逆地染上毒瘾。为了吸毒，他不断地向钱仲牛要钱，如若不给，他便对钱仲牛非打即骂，直到要到钱为止。小伟的行为伤透了钱仲牛的心，为了逃避小伟，他甚至想到外出躲避……而小旭在酒馆外遇到他时，恰逢他外出躲避。

"别废话！我是法定继承人，遗产应该归我。"小伟胜券在握地对律师说。

"《民法典》第一千一百三十三条规定，自然人可以依照本法规定立遗嘱处分个人财产，并可以指定遗嘱执行人……自然人可以立遗嘱将个人财产赠与国家、集体或者法定继承人以外的组织、个人。虽然小旭不是法定继承人，但你父亲已经立下遗嘱，所以财产理应归小旭所有。"律师决定遵照被继承人的遗嘱办事。

"要遗嘱是吗？我也有！"律师的话音一落，小伟也拿出了一份遗嘱。

律师看了看小伟手里的遗嘱之后，摇摇头说此遗嘱已经作废。

"亲儿子的遗嘱作废？"小伟看着遗嘱上一字一句写得明明

白白，很不甘心。他把小旭和律师都告上了法庭。

"法律并不限制公民立遗嘱的次数和形式，所以往往现实生活中会存在多份遗嘱并存的情况。为此，《民法典》第一千一百三十九条规定，公证遗嘱由遗嘱人经公证机构办理。第一千一百四十二条还规定，遗嘱人可以撤回、变更自己所立的遗嘱……立有数份遗嘱，内容相抵触的，以最后的遗嘱为准。由于小伟所持有的遗嘱不仅没有经过公证，而且不是最后所立的遗嘱，故遗产应归小旭。"结果，法官判小伟败诉。

"虽然法官把遗产判给了我，但是我一分钱都不会动……"宣判结束后，小旭拉住小伟。

小伟惊愕。

"你改好的那一天，就是你得到二牛叔遗产的时候。这样，二牛叔才会含笑九泉。"小旭满怀希望地看着小伟。

小旭的话让小伟陷入久久的沉思……

（文中人物均为化名）

法律知识链接

《民法典》第一千一百三十三条规定，自然人可以依照本法规定立遗嘱处分个人财产，并可以指定遗嘱执行人……自然人可以立遗嘱将个人财产赠与国家、集体或者法定继承人以外的组织、个人。

《民法典》第一千一百三十九条规定，公证遗嘱由遗嘱人经公证机构办理。第一千一百四十二条规定，遗嘱人可以撤回、变更自己所立的遗嘱……立有数份遗嘱，内容相抵触的，以最后的遗嘱为准。

本故事中，小伟所持有的遗嘱不仅没有经过公证，而且不是最后所立的遗嘱，所以不是有效遗嘱。

6. 没着落的学费

　　小雨涵的父亲经营着一家建材公司，母亲是纺织厂的工人，家庭很幸福。然而，随着一个女人的到来，这个原本幸福的家庭变得不再和谐，以致小雨涵的学费也没了着落。

　　破坏小雨涵家庭的女人叫何美美，她以前是一家酒吧的服务员。小雨涵的父亲在酒吧认识她后，觉得她比小雨涵的妈妈年轻漂亮，于是把她叫到公司做了秘书。此后，两个人就背着小雨涵的妈妈交往密切。

　　渐渐地，何美美不满足于自己"地下夫人"的身份，她来到小雨涵妈妈的工厂，跟小雨涵的妈妈摊了牌，还大言不惭地让小雨涵的妈妈离开小雨涵的爸爸。

　　小雨涵的妈妈做梦也没想到自己会被背叛，于是负气地向小雨涵的爸爸提出离婚。小雨涵的爸爸见事情败露，索性选择了何美美。

　　父母离异那年，小雨涵14岁，刚上初二。为了安慰受伤的母亲，懂事的她决定跟随母亲一起生活。小雨涵的爸爸对此很不理解，但他悄悄地把财产转移到何美美名下。离婚时，小雨涵母女什么也没分到。

　　几天后，传出小雨涵爸爸和何美美结婚的消息。小雨涵妈妈一气之下也另组家庭。此后，小雨涵便和妈妈与继父一起生活。

　　小雨涵以为可以重新过上幸福的生活，没想到妈妈因组建新家太草率，不到一个月的时间便宣告离婚。在一个阴雨霏霏的傍晚，小雨涵的妈妈遭遇车祸，不幸身亡。

伤心无助的小雨涵不得不回到爸爸的住处。

"我看这妞根本就是不能养的白眼狼！"何美美见小雨涵要搬回家住，竭力阻止，她在小雨涵爸爸的耳边说了很多风凉话。

何美美这么一提醒，小雨涵的爸爸就想起小雨涵当初的决定。但毕竟是亲生女儿，他还是勉强留小雨涵住下了。

不久，何美美怀上了小宝宝。她觉得自己有了筹码，气势汹汹地让小雨涵的爸爸在小雨涵和她肚子里的孩子间"二选一"。

小雨涵的爸爸想起之前小雨涵选择跟妈妈生活的往事，果断地放弃了小雨涵。他悄悄塞给小雨涵500元钱，面露难色地让她"自谋生路"。

无家可归的小雨涵站在街头，她不知道该何去何从。

大雨滂沱，寒风呼啸。小雨涵漫无目的地在街上走了一段路，模模糊糊间，她想到最后的靠山——住在郊区的外婆。小雨涵飞快地向外婆家走去。

外婆没有工作，孤身一人，靠捡垃圾维持生计，生活没有保障，也没有能力抚养小雨涵。她见小雨涵大老远地来投奔自己，忍不住老泪纵横："我就是饿肚子，也要把你留下。"

此后，小雨涵和外婆相依为命。虽然生活可以勉强维持，但学费成了大问题。

为了小雨涵，外婆只能更加拼命地捡垃圾。即便如此，小雨涵的学费还是没凑够。于是小雨涵想到去亲戚家借，但是大家都不借给她。

无奈之下，外婆又申请居委会帮忙。居委会的人因为小雨涵的户口不在辖区范围内而无法帮助其解决学费问题。不过，他们帮小雨涵出了主意，让她去找她的生父要学费。

为了上学，小雨涵硬着头皮来到爸爸的公司。还没开口，何美美就把她赶了出来。

小雨涵的成绩一直很好，不想退学。走投无路之下，她又找到继父，苦苦恳求继父给她交学费。继父一口回绝了她："我和你妈离婚了，你妈都死了，我怎么可能还给你交学费？"

不得已之下，小雨涵退学了。看着同龄人背着书包高高兴兴地去上学，她心里就像被刀割一样难受。

不过，小雨涵并没有就此罢休。为了筹够学费，她除了捡垃圾，还到附近的一家餐馆找了一份洗盘子的工作。

一天中午，一位律师来到小雨涵所在的餐馆吃饭。她无意间看到了正在洗盘子的小雨涵，于是善意地提醒餐馆老板不要雇用童工。

"我是自愿的……"小雨涵生怕丢掉工作，赶紧站出来表明态度。

职业的敏感让这位律师对小雨涵产生了好奇，她把小雨涵拉到一边，问清了事情的原委。律师决定免费为小雨涵维权，她带着小雨涵到爸爸的公司索要学费。

　　没想到小雨涵的爸爸振振有词地说，小雨涵既然跟了她母亲，那么一切都与他无关。

　　"《民法典》第一千零八十四条第一款规定，父母与子女间的关系，不因父母离婚而消除。离婚后，子女无论由父或者母直接抚养，仍是父母双方的子女。"律师说。

　　"那她怎么不去找她的继父？"何美美在一旁厚颜无耻地问。

　　"《最高人民法院关于适用〈中华人民共和国民法典〉婚姻家庭编的解释（一）》第五十四条规定，生父与继母离婚或者生母与继父离婚时，对曾受其抚养教育的继子女，继父或者继母不同意继续抚养的，仍应由生父或者生母抚养。你对小雨涵的生活费和学费具有不可推卸的责任。否则，我们只能法庭上见了。"律师的语气很坚定。

　　小雨涵的爸爸害怕惹上官司，便答应了小雨涵的要求。

　　"谢谢您！我要好好学习，以后也要做律师！"小雨涵终于可以上学了，她满含热泪地对律师说。

（文中人物均为化名）

法律知识链接

　　《教育法》第十九条规定，国家实行九年制义务教育制度。各级人民政府采取各种措施保障适龄儿童、少年就学。适龄儿童、少年的父母或者其他监护人以及有关社会组织和个人有义务使适龄儿童、少年接受并完成规定年限的义务教育。

《民法典》第一千零八十四条规定，父母与子女间的关系，不因父母离婚而消除。离婚后，子女无论由父或者母直接抚养，仍是父母双方的子女。

《最高人民法院关于适用〈中华人民共和国民法典〉婚姻家庭编的解释（一）》第五十四条规定，生父与继母离婚或者生母与继父离婚时，对曾受其抚养教育的继子女，继父或者继母不同意继续抚养的，仍应由生父或者生母抚养。

本故事中，小雨涵 14 岁，刚读初二，属于九年制义务教育阶段，理应享有受教育权。虽然父母都另组家庭，但小雨涵和其父亲的关系不因父母离婚而消除，所以其父对小雨涵的教育具有不可推卸的责任。

7. 劫案发生在超市

金秋送爽，开学临近。为了准备上重点高中的学费，晓飞和母亲到银行取了 1 万元现金。母女俩取完钱后把钱放进手提包里，刚走出银行，一双贼溜溜的眼睛就盯上了她们。

瞄上晓飞母女的小伙子十八九岁，染了一头黄毛，穿得流里流气，脸上还有一条刀疤，一看就不是善类。这人嗜赌成性，有偷窃前科，为此还蹲过监狱，但他恶习不改。为了筹集赌资，他正四处寻找下手的目标。

晓飞母女走出银行，准备回家。黄毛随即悄悄跟上，他始终和晓飞母女保持着一定距离，准备伺机下手。

对于身后的一切，晓飞母女浑然不觉。她们有说有笑地走过了嘈杂的步行街和服装街。快到家的胡同口时，晓飞突然想起还需要买一些上学用的日常用品。由于已经错过大超市，所以她决定到附近的一家小超市购买。

这家小超市位于一条相对僻静的胡同内，客流量不大，所以生意相对清淡。晓飞母女走进超市，开始挑选日常用品。黄毛见状，也进入超市，装模作样地挑选商品，但眼睛始终都没有离开晓飞母亲的手提包。

突然，晓飞的手机响了，她一看，是班主任打来的，于是到一旁接听电话。黄毛趁机飞奔过去，从晓飞母亲手中一把夺过手提包。

"还给我！"晓飞母亲被这突如其来的袭击吓了一跳，但她随即意识到自己遭到了抢劫，于是一把拉住黄毛，不让其离开。

黄毛见状，飞起一脚踢了过去。晓飞母亲发出一声惨叫，但她的手还是死死地拽着黄毛不放。

接电话的晓飞听到喊声，赶忙跑过来，和母亲一起抓着黄毛，并大声向超市的工作人员呼救。此时，超市的工作人员没有一人上前阻止。

"你俩找死吗？"黄毛眼露凶光，掏出匕首狠狠地刺向晓飞母亲的腹部。顿时，晓飞母亲血流如注。

晓飞的父亲患癌症很早就去世了，她靠母亲拉扯大，家庭并不富裕。这1万元钱是晓飞母亲攒了很久才攒够的，所以她即便剧痛，也死死拽住黄毛不松手。

"叔叔，快救救我们……"晓飞一边哭叫着，一边苦苦哀求超市的工作人员。此刻，她多么希望有人伸出援手。

然而，超市的工作人员却一个个傻愣愣地站在原地，并没有做出反应。黄毛一脚踢开晓飞母亲，抓着手提包逃得无影无踪。

本以为取到钱可以高高兴兴地去上学了，没想到却遭遇抢劫，母亲还受伤了，这可怎么办呢？晓飞一时没了主意。

"快离开这里。"超市的工作人员以清扫场地为由，冷漠地把晓飞母女从超市赶了出来。

"叔叔、阿姨，快救救我妈妈！"晓飞扶着母亲站在超市门口，向路人大声呼救。

不一会儿，超市门口聚集了很多围观者。大家问明事由之后，立即报警，并叫了一辆救护车把晓飞母亲送进医院。

虽然母亲得救了，但高昂的医疗费和晓飞的学费没了着落。为此，晓飞陷入极度绝望之中。

小云是晓飞的闺蜜，她很同情晓飞的遭遇。为了帮助晓飞渡过难关，她在微博上以"母女超市遭劫受伤，医疗费无着落"为题发了一条求助的博文，没想到引起了大家的关注，一些好心人还专门到医院为晓飞提供了经济援助。

但是，这些捐款对于高昂的医疗费而言，也只是杯水车薪。

"你为什么不找超市？"网上一位好心的律师看到这条博文后来到病房，向晓飞建议道。

对于找超市这件事，晓飞心里十分没底。

因为没有其他办法，所以晓飞决定试一试，于是她和律师来到事发的超市，并向超市负责人说明来意。

超市负责人一听，立即表示此事与超市方无关："第一，不是超市抢了你的钱；第二，也不是超市的工作人员刺伤了你的母亲。"

"我只是希望你能伸出援助之手。"晓飞近乎哀求地说。

"我可以捐 1000 元，但要说超市对这件事有责任，我绝对不认可。"超市负责人仍然一口咬定这事与超市绝无关联。

"那我们只能法庭上见了。"晓飞欲再求情，被律师拦住。

几天后，在律师的帮助下，晓飞一纸诉状把那家超市告上了法庭。

"《消费者权益保护法》第七条第一款规定，消费者在购买、使用商品和接受服务时享有人身、财产安全不受损害的权利。在本案中，晓飞和母亲去超市购物，属于消费者，享有人身、财产不受损害的权利。虽然抢劫者不是超市方，但他们没有提供安保措施，在事件发生后也没有采取任何补救措施，没有尽到保护消费者人身、财产不受侵犯的最基本的义务，所以理当作出赔偿。"法官判晓飞胜诉。

　　几天后，黄毛被抓，他除承担抢劫的刑事责任外，还退回了晓飞的钱款。

　　"将来我也要学法律，以后一定要做律师。"开学那天，晓飞怀揣着做一名优秀律师的梦想去上学。她立志报考法学院，将来用法律来保护和帮助更多的人。

（文中人物均为化名）

法律知识链接

　　《消费者权益保护法》第七条第一款规定，消费者在购买、使用商品和接受服务时享有人身、财产安全不受损害的权利。

　　《刑法》第六十四条规定，犯罪分子违法所得的一切财物，应当予以追缴或者责令退赔；对被害人的合法财产，应当及时返还；违禁品和供犯罪所用的本人财物，应当予以没收。没收的财物和罚金，一律上缴国库，不得挪用和自行处理。

　　本故事中，晓飞和母亲去超市购物，属于消费者，"享有人身、财产安全不受损害的权利"。虽然抢劫者不是超市方，但他们没有采取安保措施，在事件发生后也没有采取任何补救措施，没有尽到保护消费者人身、财产不受侵犯的最基本义务，而且在案发时超市员工冷漠、不作为，没有提供任何帮助，所以超市理应进行医疗赔偿。黄毛应对自己的抢劫负刑事责任，并退还所抢的现金。

8. 继父的房产

佳慧参加省重点高中自主招生考试，成绩名列榜首。如果这事发生在别的孩子身上，甭提有多高兴了，但佳慧家一贫如洗，根本没钱供她上重点中学。无奈之下，母亲做出了变卖房产的决定，因为在她看来，即便砸锅卖铁也要把佳慧培养成才。然而，售房信息刚刚贴出，二姑便站出来横加阻拦。

二姑是佳慧继父的亲妹妹。十年前，佳慧的父亲去世，母亲和继父结了婚。为了给佳慧一个好的成长环境，母亲和继父没有再生育孩子。为此，二姑一直对佳慧的母亲心怀不满。

继父把全部的爱倾注在佳慧身上，佳慧以为会就此过上幸福的生活，但天不遂人愿，在佳慧母亲和继父结婚的第三年，继父突然患上脑癌，瘫痪在床。

为了给继父看病，佳慧的母亲把积蓄花光了不说，还落下了一身毛病。其间，二姑对继父不闻不问。在山穷水尽之时，继父去世了，所以对于母亲而言，佳慧就是她的全部。

佳慧母亲不明白为何卖掉自家居住了十年的房产竟会招来二姑的阻拦，气愤地和二姑理论起来。没想到二姑用异样的眼光对佳慧母亲一番打量后，极其不屑地告诉她："别说十年，你就是住上一百年，这房子也不是你的。"

"这些年来，我照顾你哥，没有功劳，也有苦劳……"佳慧的母亲拿出和佳慧继父的结婚证，力图说明自己才是房子的主人。

"结发夫妻也不能侵占婚前财产，何况你们不是结发夫妻。"二姑恶狠狠地吼道。

经二姑一提醒，佳慧母亲这才回忆起当初和佳慧继父结婚时，二姑曾经叫他俩去做了婚前财产公证。佳慧母亲和继父结婚不是为了房产，所以婚后她也没为这事伤和气。但她没料到二姑会拿此事做文章。

为了给佳慧的继父看病，母亲已身无分文，到了穷途末路的地步。如果此时二姑要回房产，不但佳慧的学费没着落，说不定娘儿俩连个落脚的地方都没有，她回想起自己这么多年对佳慧继父无微不至的照顾，竟换来二姑的冷漠，心有不甘："你哥病重，你不来！为什么你哥一走，你就来争夺房产？你也太没良心了……"

"婚前财产不是夫妻共同财产，凭什么我就不能拿回我哥的房产？"二姑似乎早有准备，"如果你觉得我说得不在理，可以去问张主任。"

张主任是街道办事处的主任，又是家族的长辈，所以佳慧的母亲对他也非常尊敬，于是她便和二姑一起来到张主任的办公室。

"根据《民法典》第一千零六十三条的规定，一方的婚前财产为夫妻一方的个人财产。也就是说，如果你们没有特殊约定，那么不论结婚经过多少年，一方婚前财产仍归一方所有。"张主任平时喜欢看些法律书，他站在二姑的立场上。

有了街道办事处的支持，二姑的腰板更直了。她在一个大雨滂沱的下午，把佳慧母女撵出了住所。

佳慧母女无家可归，便在立交桥下搭建了一个简易窝棚，算是住了下来。因为怄气伤肝，佳慧母亲一病不起。

开学后，重点高中的老师见佳慧没去报到，于是便多方了解佳慧的情况。当他们得知佳慧身处困境后，伸出了援手。校方不但为佳慧申请了单亲家庭助学金，让佳慧免费就读，还帮佳慧母亲找了一个临时住所。

随着心情变好，佳慧母亲的病情渐渐好转，但她始终高兴不起来。懂事的佳慧明白，是母亲的心结没有打开。为此，佳慧向学校申请了法律援助。

学校在了解到佳慧二姑的行径后，认为有必要帮佳慧讨回公道。几天后，在学校的帮助下，佳慧把二姑告上了法庭。

"《民法典》第一千零六十三条规定，一方的婚前财产为夫妻一方的个人财产。"控辩双方理论之后，法官说。

听到这里，二姑一脸的得意。

"《民法典》第一千一百二十一条第一款规定，继承从被继承人死亡时开始。所以当财产拥有方死亡之后，其财产归属另当别论。"法官又说。

"我是他亲妹妹，也有权利继承。"二姑显得有些激动。

"《民法典》第一千零六十一条规定，夫妻有相互继承遗产的权利。《民法典》第一千零七十条规定，父母和子女有相互继承遗产的权利。同时，《民法典》第一千一百二十七条规定，配偶、子女、父母为第一顺序继承人，兄弟姐妹、祖父母、外祖父母为第二顺序继承人。继承开始后，由第一顺序继承人继承，第二顺序继承人不继承；没有第一顺序继承人继承的，由第二顺序继承人继承。《民法典》第六编继承编所称子女，包括婚生子女、非婚生子女、养子女和有扶养关系的继子女。也就是说，从佳慧继父死亡那一刻开始，佳慧母亲和佳慧即成为法定第一顺序继承人……"最终，法官把房产判给了佳慧母女。

旁听席的张主任回想起自己一知半解就瞎掺和的行为，内疚地低下头。

拨开云雾见晴天，佳慧母女泪流满面地抱在一起。她们坚信：有政府、有党、有那么多好心人，她们的路一定会越走越光明。

（文中人物均为化名）

法律知识链接

《民法典》第一千一百二十一条第一款规定，继承从被继承人死亡时开始。

《民法典》第一千一百二十七条规定，配偶、子女、父母为第一顺序继承人，兄弟姐妹、祖父母、外祖父母为第二顺序继承人。继承开始后，由第一顺序继承人继承，第二顺序继承人不继承；没有第一顺序继承人继承的，由第二顺序继承人继承。《民法典》第六编继承编所称子女，包括婚生子女、非婚生子女、养子女和有扶养关系的继子女。

《民法典》第一千零六十三条规定，一方的婚前财产为夫妻一方的个人财产。

本故事中，佳慧继父的房产虽然是婚前财产，属于一方所有，但从他死亡那一刻开始，其房产已变为遗产。根据法律规定，佳慧母亲和佳慧为法定第一顺序继承人，所以二姑无权继承房产。

第三辑　自护篇 ‖‖

1."为民除害"也获刑

初春的一天，陕西某中学高三（七）班教室内，同学们正专心致志地听讲。突然，一队警察径直走进教室，出示逮捕证后带走了学生小勇。小勇品学兼优，是老师、同学们心目中的好学生，大家不明白他究竟犯了什么罪？顿时，学校炸开了锅。

小勇今年18岁，家住临近县城的一个偏僻小山村。在他所居住的村子里，有一个姓李的地痞，此人游手好闲，经常在村里敲诈、勒索、盗窃，无恶不作，曾经有过"几进宫"的经历。但李某对自己的恶行毫无悔意，每次从监狱出来后都会变本加厉，搅得十里八乡不得安宁。乡亲们虽然对他恨之入骨，却又无可奈何。

两天前，小勇所在的小山村举办庙会。由于庙会一年才举办一次，所以村里的人都非常重视，凡是能去的都不会落下。小勇的奶奶年纪大，腿脚不灵便，只得拄着拐杖前往，很不方便。于是，一向孝顺的小勇主动做了奶奶的陪护。

小勇和奶奶刚到庙会现场时，一头黄毛的李某也在那里。只见李某叼着一根香烟，对在场所有人一番审视后，径直走到庙会主持人面前，毫不客气地让主持人给他"弄点钱吸烟"。

主持人是一位年过七旬的老者，见李某如此凶悍，吓得战战兢兢不敢说话。

李某见状，便得寸进尺地打开主持人的抽屉，肆无忌惮地把里面的钱往自己的兜里塞。

"小伙子，别太嚣张！"村长看不过去，走上前制止李某的恶行。

"滚开，别挡本大爷的财路！"不料，李某掏出随身携带的弹簧刀，转身就要找村长算账。幸亏村长一闪身，弹簧刀才没刺到他。李某恼羞成怒，和村长扭打起来。由于李某有刀在手，所以始终都占着上风。

对此，小勇看在眼里，急在心里。

"我们不能袖手旁观！"突然，一个村民冲上前，试图解救村长。

"惩恶扬善，算我一个！"小勇一听，血直往上涌，立即拿了奶奶的拐杖，冲上前去。没几个回合，李某就被制服了。紧接着，大家把李某捆到一棵大槐树下。

李某平常的行为早已激起众怒，所以村民们对他也不会客气。几乎同一时刻，几个村民迅速围了上去，他们用木棍、石块、砖头等狠狠地"教训"李某。

"叫你今后还作恶！"小勇觉得这真是一件大快人心的事，也学着村民的样子，狠狠地用奶奶的拐杖敲击李某的头部、背部。

在几个村民和小勇的暴打之下，没过多久，李某头一歪，不再动弹了。大家用手在李某鼻前一探，发现他已没了呼吸。

"我们这是为民除害。"开始的时候，村民们一惊，但一想到李某平时的所作所为，随即变得心安理得。大家于是各自散去……

既然大家都说这是为民除害，所以小勇也没把这事放在心上，该上学还上学。没想到，时隔两天，他还是被逮捕了。

开庭那天，站在被告席的除小勇外，还有村长和几个带头的村民。村里的其他村民以及小勇学校的老师、同学能来的全来了，旁听席座无虚席。

"《刑法》第二百三十四条规定：……致人重伤的，处三年以上十年以下有期徒刑；致人死亡或者以特别残忍手段致人重伤造成严重残疾的，处十年以上有期徒刑、无期徒刑或者死刑……"在案情陈述、控辩双方辩论完毕之后，法官以故意伤害罪的罪名对小勇和村长以及为首的村民分别宣判了7年、9年、11年不等的有期徒刑。

"他们除暴安良，是我们村的英雄。"

"尤其是小勇，他还那么年轻……"话音未落，旁听席上的村民就躁动起来。可法不容情，小勇和村长以及为首的村民还是被法警带走了。

为了解救小勇等人，村民们自发组织起来，到上级法院进行了申诉。

"《刑事诉讼法》第十二条规定，'未经人民法院依法判决，对任何人都不得确定有罪'；第三条第一款规定，'对刑事案件的侦查、拘留、执行逮捕、预审，由公安机关负责……审判由人民法院负责。除法律特别规定的以外，其他任何机关、团体和个人都无权行使这些权力'。由此可见，任何个人或组织都不具备审判和执行刑法的权力……所以，当李某有不轨行为时，小勇和村民上前制止属于正当行为，但制服李某后发生的暴打行为属于故意伤害的范畴。"结果，上级法院维持了一审判决。

"地痞固然可恶，但我们没有权力对他实施私刑。看来，惩治地痞无赖应根据其危害社会的程度，由司法机关量刑处罚，而不能由我们私自执行啊！"小勇和村民们终于明白了其中的道理，但等待小勇的将是漫长的牢狱生活。这对一个青少年来说，教训惨痛。

一个人是否构成犯罪，是否需要接受处罚，只有人民法院才能认定。学法、懂法，才能不触犯法律！

（文中人物均为化名）

法律知识链接

《刑事诉讼法》第十二条规定，未经人民法院依法判决，对任何人都不得确定有罪。第三条第一款规定，对刑事案件的侦查、拘留、执行逮捕、预审，由公安机关负责……审判由人民法院负责。除法律特别规定的以外，其他任何机关、团体和个人都无权行使这些权力。

本故事中，当李某有不轨行为时，小勇和村民上前制止属于正当行为，但制服李某后发生的暴打行为则属于故意伤害的范畴。

2. 卖酒引发的赔偿案

某乡镇有一家"十里香酒馆"。别看酒馆的空间仅有十几平方米大，但它的名气却一点儿也不小，在当地几乎人尽皆知。喝酒者都是这里的常客，不喝酒者但凡遇上点红白喜事都会到酒馆打几盅酒。喝酒、打酒在这个乡镇似乎已成为习惯。

在乡亲们的"照顾"下，"十里香酒馆"的生意也算红红火火。但三个月前，这家酒馆却因为卖酒惹上了一起赔偿案。

"十里香酒馆"的老板老张已经年过半百，本来生活在贫困的农村，因为中年学得酿酒手艺才到镇上开了这家小酒馆。

老张膝下育有一女小娟，14岁不到，正在读初二。正所谓"穷人的孩子早当家"，小娟小小年纪已知父母辛苦。她每天一放学，就会到酒馆帮忙。久而久之，小娟对酒馆的事务了如指掌，俨然一个"小老板"。

老张夫妇看着女儿如此能干，非常高兴。如果遇上忙不开时，他们就放心地把酒馆交给小娟打理。

三个月前的一个星期天，老张夫妇要去城里进货，于是习惯性地又把店交给小娟打理。父母走后，小娟又是卖酒又是收钱，忙得不亦乐乎。

"来几瓶好酒！"突然，和小娟同龄的同班同学小东不知从哪儿冒出来，他扔出一张百元大钞，财大气粗地说道。

小东今天过生日，请了几位同学一同庆祝。他买了很多好吃的东西，觉得添上酒会更完美，于是偷偷拿出压岁钱，学着大人的样子来买酒。

生意来了，没有理由不做。小娟想都没想，立马把酒卖给了小东。这事如果放在平常来看，是一件小事。但正因这件事，"十里香酒馆"的麻烦开始了。

第二天清晨，镇上的村民在一棵桃树下发现了一具死尸。经辨认，尸体竟是小东。

昨天还活蹦乱跳的小东为何会死在桃树下？这事在镇上引起轩然大波，一时间，各种猜测满天飞。为了抓住真凶，小东的父母立刻报了警。

经法医检测，小东死于饮酒过量。

小东是家里的独苗，父母对他的期望很高，他们一听说小东是因为喝酒而丧命的，立马把矛头指向"十里香酒馆"。

小东的父母带着一帮亲戚朋友来到"十里香酒馆"，完全不给老张解释的机会，他们就喊出了30万元的赔偿要求。

"我们店的酒是经过正规工艺酿造，一不是假酒，二不是毒酒，何来赔偿之理？酒馆所有的家当加起来也没有30万元啊。"老张说。

小东的父母则认为，不管酒馆的酒是真是假，只要喝死儿子的酒是来自"十里香酒馆"，那么老张就得赔钱。

就这样，双方各执一词，引来很多人围观，大家把老张的酒馆挤得满满的。一晃到了放学的时间，小娟回家后看到这么大的场面，吓得傻愣愣地站在那儿。

"听说就是这个丫头卖酒给我儿子的。"小东父母发现人群中的小娟，硬是威逼着要小娟偿命。

"卖酒的时候，我又不知道小东要喝酒，更不知道他要喝醉……"小娟吓得一闪身躲到老张身后。

大家见事态越来越严重，赶忙劝架，说这样僵持下去也不是解决问题的方法。在大家的劝说下，老张和小东的父母一起到了当地的法庭，请求法官来判决。

"反正我们家小东是在'十里香酒馆'买的酒，才会饮酒过量。若不是他们家小娟卖酒给小东，我们家小东也不会醉酒，更不会死亡……"庭审中，小东的父母一把鼻涕一把泪地说着。

"小东买酒，谁给的钱？如不是你们给钱，小东又怎么能买酒？"老张也不依不饶。

"'十里香酒馆'卖酒给小东有过错……"在弄清事情的来龙去脉之后，法官说出一句令老张意外的话。

"《未成年人保护法》第五十九条第一款规定，禁止向未成年人销售烟、酒，经营者应当在显著位置设置不向未成年人出售烟、酒的标志；对难以判明是否已成年的，应当要求其出示身份证件。由于'十里香酒馆'内没有设置'不得向未成年人出售烟、酒'的标志，故属于违法行为。"法官娓娓道来。

"怎么会这样？"不懂法的老张一想到要赔偿30万元，瘫倒在地。片刻，他通过法官刚才所言的"未成年"想到女儿小娟也未成年，于是陈述了自己的观点："小娟也是未成年人，她卖酒是不是可以不负责任？"

"虽然卖酒者是未成年人小娟，但作为小娟监护人的父母未尽到监护责任，有过失，理当赔偿。"法官说。

"老张哪儿来那么多钱赔偿？"旁听席上的乡亲替老张捏了一把汗。

"不过，那几位共同饮酒的同学未尽到劝阻和制止的责任，也有过失，理当赔偿。由于他们都是未成年人，没有经济能力，赔偿责任由他们的监护人承担。此外，小东自己作为学生不遵守学校规则，擅自饮酒，小东父母作为小东的监护人没有尽到监护责任，都应该承担一定的责任……"最后，法官把赔偿的责任分为几部分。

经过这次教训之后，老张在醒目的位置摆放了"不向未成年人出售烟、酒"的标志。小东的父母虽然得到了赔偿，但小东的生命却无法挽回，这是他们永远的遗憾。

健康可贵，生命无价。作为学生的我们应当自爱！

（文中人物均为化名）

法律知识链接

《未成年人保护法》第五十九条第一款规定，禁止向未成年人销售烟、酒，经营者应当在显著位置设置不向未成年人出售烟、酒的标志；对难以判明是否已成年的，应当要求其出示身份证件。

本故事中，"十里香酒馆"没有"不向未成年人出售烟、酒"的标志，虽然卖酒者是未成年人小娟，但作为小娟监护人的老张未尽到监护责任，有过失，理当赔偿。那几位共同饮酒的同学未尽到劝阻和制止的责任，有过失，理当赔偿。由于他们都是未成年人，没有经济能力，赔偿责任由他们的监护人承担。而小东自己作为学生不遵守学校规则，擅自饮酒，小东父母作为小东的监护人没有尽到监护责任，也应该承担一定的责任。

健康可贵，生命无价，作为学生的我们应当自爱。小东的父母虽然得到了赔偿，但小东的生命却无法挽回，这是他们永远的遗憾。如果一开始大家都懂法并遵守法律，那么悲剧就不会上演。

3. "同案"不同判

2021 年 7 月的一个下午，四川某市的平静被一个案件打破了。一家网吧内，小飞和小兵坐在一个隐蔽的位置玩游戏。这时，外面进来三名少年，他们在距离小飞和小兵不远处的位置坐下，时不时地向小飞和小兵这边看上几眼。突然，小兵疾步上前，拔刀刺向其中一名少年……

小兵杀人后逃逸，另两名少年把矛头指向还未回过神来的小飞。在搏斗中，小飞又打死了一名少年……案发两个月后，市人民法院少年法庭审理了这桩备受关注的网吧血案，在当庭释放小飞的同时，对小兵作出了五年有期徒刑的宣判。

同是命案，为什么判决不同？小兵顿时傻了眼。原来，该案的具体情况是这样的：

小飞和小兵今年都是 15 岁，在同一所中学读初三。由于两人同住在一个胡同，又志趣相投，所以成了形影不离的"铁哥们儿"。

2021 年 5 月的一个星期天，小飞和小兵相约去附近一家网吧玩游戏。因去得较晚，这家网吧早已"座无虚席"。为了过过游戏瘾，两人决定留下来"观战"。这时，他们发现同年级的小健和小林也在网吧，于是情不自禁地凑了过去。

小健和小林正在打某款游戏，或许是太过紧张的缘故，小健连连失手。小飞和小兵于是发出了"嘘嘘"的嘲弄声，这令小健心里很不爽，他随即不服气地嚷起来。

"不中用就是不中用！"小飞和小兵嘲笑道。

小健一听，很生气。四个人就此发生争吵，不欢而散。临别时，小健还扬言会找机会喊"大哥"来"修理"小飞和小兵。

小健的"大哥"是出了名的混混。小健此言一出，立马把小飞和小兵吓住了。

一连几天，小飞和小兵都惶惶不安。未雨绸缪，小兵从此多了一个心眼，把家里的水果刀藏在书包里，并随身携带书包。

一天放学后，小飞和小兵又去了那家网吧。这一次，他俩去得比较早，还找了个隐蔽的位置坐下。刚"进入状态"，小健和小林就带着"大哥"坐到了他们附近。这令小兵的神经一下子紧张了起来，他脑子里立即浮现出小健上次所说的话。

为了"自卫"，小兵疾步上前，趁三名少年还未反应过来，拔刀捅向小健的"大哥"……眼见出了好多的血，小兵慌了神，一溜烟跑得无影无踪。

小健和小林见状拎起一个电脑显示屏，砸向愣在那儿已经吓傻的小飞。幸亏没有瞄准，小飞才躲过一劫。紧接着，小健和小林又用椅子、鼠标等物品对着小飞一阵乱砸。

意识到危险的小飞反应过来，也拿着椅子砸向小健和小林。没想到，椅子不偏不倚正好打中小健的头部……小健当场死亡。

事后，小兵和小飞在家长的陪同下投案自首。

庭审中，控告方提供了网吧的监控录像，再现了案发时的情景。

《刑法》第二十条第一款规定，为了使国家、公共利益、本人或者他人的人身、财产和其他权利免受正在进行的不法侵害，而采取的制止不法侵害的行为，对不法侵害人造成损害的，属于正当防卫，不负刑事责任。小飞属于正当防卫，故不负刑事责任。"法官当庭释放了小飞。

小兵也期望得到相同的判决，法官却以故意杀人罪对他作了本文开头的宣判，"《刑法》第十七条规定，已满14周岁不满16周岁的人犯故意杀人罪应当负刑事责任。但是应当从轻或者减轻处罚。第二百三十二条规定'故意杀人的，处死刑、无期徒刑或者十年以上有期徒刑；情节较轻的，处三年以上十年以下有期徒刑'。经合议庭合议，判小兵五年有期徒刑。"

"同是命案，为什么小飞可以以正当防卫释放，而我却要被判刑？"小兵歇斯底里地叫道。

《刑法》第二十条第三款规定，对正在进行行凶、杀人、抢劫、强奸、绑架以及其他严重危及人身安全的暴力犯罪，采取防卫行为，造成不法侵害人伤亡的，不属于防卫过当，不负刑事责任。"法官作出了解释，"小飞是对'正在进行行凶、杀人、抢劫、强奸、绑架以及其他严重危及人身安全的暴力犯罪'进行的防卫，所以是正当防卫。他这种防卫也叫无限防卫，不负刑事责任。"

小兵一听，立马强调他刺杀小健的"大哥"完全是为了预防他们对自己造成伤害所做的防卫。

"虽然你们的目的都是'防卫'，但你的防卫发生在受害人还没有实施侵害之前，这叫事前防卫。由于不法侵害尚未开始，虽然有侵害的先兆，但是否会实际发生尚难以确定，若允许进行事前防卫，可能会损害某些不想实施不法侵害的人的合法权益。因此，'先下手为强'不是正当防卫，而是具有惩罚性的加害行为，构成犯罪，应当负刑事责任。"法官说得非常详细。

之后，法庭还对网吧容留未成年人上网的行为进行了追责。

"如果我们受到语言威胁时，能报警或者告诉大人，结果就不会这样了……"听到这儿，小兵终于认识到自己的自护方式出了问题，后悔莫及。

（文中人物均为化名）

法律知识链接

《刑法》第二十条第三款规定，对正在进行行凶、杀人、抢劫、强奸、绑架以及其他严重危及人身安全的暴力犯罪，采取防卫行为，造成不法侵害人伤亡的，不属于防卫过当，不负刑事责任。

本故事中，小飞是对"正在进行行凶、杀人、抢劫、强奸、绑架以及其他严重危及人身安全的暴力犯罪"进行的防卫，所以是正当防卫。他这种防卫也叫无限防卫，不负刑事责任。小兵的防卫发生在受害人还没有实施侵害之前，这叫事前防卫。由于不法侵害尚未开始，虽然有侵害的先兆，但是否会实际发生尚难以确定，若允许进行事前防卫，可能会损害某些不想实施不法侵害的人的合法权益。因此，"先下手为强"不是正当防卫，而是具有惩罚性的加害行为，构成犯罪，应当负刑事责任。

4. 梅梅的"违约事件"

梅梅今年 13 岁，外表靓丽，活泼可爱，又很有表演天赋，被市文工团聘为编外演员。市文工团是市级文艺单位，团里的老师们在不影响梅梅学习的情况下，对梅梅进行了很好的培养，并时不时地让她随团演出。随着梅梅的名气越来越大，一些公司以优厚的报酬请梅梅演出。对此，梅梅乐此不疲。可前不久，梅梅却因此摊上了一起"违约事件"。

梅梅的母亲体弱多病，父亲有残疾，一家人靠着一间不大的包子店维持生计，生活非常拮据，但他们对梅梅的培养却一点也不含糊。

很小的时候，梅梅一听到音乐就会翩翩起舞。父母为了让梅梅得到培养，特地让她参加了学校的舞蹈队。梅梅很用功，在学校大大小小的演出中，同学们都能见到她的身影。

一次，梅梅所在的学校举行文艺汇演。梅梅精彩的表演赢得了在场所有人的称赞。那天，市文工团的刘团长也来了。刘团长认为梅梅是一棵好苗子，决定好好培养她，在征得有关部门和梅梅父母的同意后，录取梅梅为文工团的编外演员。

在文工团里，梅梅一边学习一边演出，舞蹈技艺突飞猛进，成了团里的名演员。街坊邻居都说梅梅家的包子店飞出了一只金凤凰。

随着梅梅的名气越来越大，一些公司开始邀请梅梅去演出。为了减轻父母的经济负担，梅梅高兴地接受了邀请。

一个星期天的上午，一位打扮得珠光宝气的女士走进了包子店。这位女士自称是梅梅家的远房亲戚。梅梅的父母想了很久，才想起确实有这么一位亲戚。不过，他们已经很久没和这位亲戚联系了。

"我在城北开了一家夜总会，此次专程来请大明星梅梅去演出。梅梅只需要每周周末演出，一次 100 元，干得好的话，还会涨工资……这是一年的演出合同。如果同意的话，你们就签字。"远房亲戚做了一番自我介绍之后，直接拿出一份演出合同让梅梅和她的父亲签字。

梅梅的父亲见识少，不知夜总会为何物，但他觉得亲戚不会坑人，于是问梅梅愿不愿意。梅梅寻思着远房亲戚的夜总会应该会比文工团的待遇要好很多，而且周末演出，既不会影响学习，也不会影响文工团的演出，便和父亲一起在演出合同上签了字。

开始的时候，梅梅的演出很顺利。但渐渐地，梅梅发现夜总会的环境不好，她经常会遇到一些很不尊重人的顾客。

为此，梅梅心里很难受。她郑重其事地要求远房亲戚给她换一个好的演出环境。

"夜总会的环境历来就这样，我也没法改变。"没想到远房亲戚对梅梅的要求置之不理，还让梅梅学会容忍。

梅梅越想越气，打算不干了。

"当初，你和你爸可是与我签了合同的。如果违约，你们得赔偿我……"远房亲戚翻脸不认人。

梅梅拿出合约一看，上面果然清楚地写着如果违约的话，需要给夜总会赔偿每月 3000 元的损失，而对于这一点，梅梅签合同时根本就没注意。这么算来，梅梅一年下来需要赔偿 3 万元。

为了不违约，梅梅学着忍气吞声。但接下来的情况更让梅梅生气，因为那些顾客开始对她动手动脚。忍无可忍的梅梅再次向远房亲戚提出了解约的要求。

"你就等着倾家荡产吧！"远房亲戚露出了本来面目。

梅梅的父母很支持梅梅的决定，不过 3 万元的违约金却让他们犯了愁。

梅梅心里装着事，成天哭丧着脸。细心的刘团长见状，找梅梅谈了一次心，弄清事情的来龙去脉后，向梅梅保证说："你不用付违约金，也不用担心，一切包在我身上。"

梅梅对刘团长的话半信半疑。

一天后，刘团长和梅梅来到那家夜总会，他三言两语说明来意之后，让梅梅的远房亲戚放弃违约金。

"她和她爸爸签了合同，我凭什么要放弃违约金？"远房亲戚拿出合同，在刘团长面前扬了扬。

"既然你如此无情，那么我们也就不客气了……"刘团长话里有话。

"你还能干什么？"远房亲戚听出刘团长话里的警告，声音小了一些。

"你雇用童工,这是严重的违法行为。国务院 2002 年颁布的《禁止使用童工规定》第二条第一款规定,国家机关、社会团体、企业事业单位、民办非企业单位或者个体工商户均不得招用不满 16 周岁的未成年人。你就等着上法庭吧!"刘团长正色道。

远房亲戚一听,立马换了一个脸色,表示愿意和解。

经历这件事之后,梅梅树立了自我保护意识,演出也更加卖力了。不过,她一直担心刘团长也会因为"雇用童工"而违法。那么,刘团长聘用梅梅也违法吗?

（文中人物均为化名）

法律知识链接

《禁止使用童工规定》第二条第一款规定,国家机关、社会团体、企业事业单位、民办非企业单位或者个体工商户均不得招用不满 16 周岁的未成年人。

《禁止使用童工规定》第十三条第一款规定,文艺、体育单位经未成年人的父母或者其他监护人同意,可以招用不满 16 周岁的专业文艺工作者、运动员。用人单位应当保障被招用的不满 16 周岁的未成年人的身心健康,保障其接受义务教育的权利。文艺、体育单位招用不满 16 周岁的专业文艺工作者、运动员的办法,由国务院劳动保障行政部门会同国务院文化、体育行政部门制定。

本故事中，远房亲戚的夜总会属于民办非企业单位，聘用梅梅属于违法行为。但梅梅所在的文工团属于文艺单位，而且其负责人刘团长聘用她之前经过其父母和相关单位同意，符合"文艺、体育单位经未成年人的父母或者其他监护人同意，可以招用不满16周岁的专业文艺工作者、运动员"这一规定，所以刘团长没有违法。

5. 马黄坡的古币

太平村依山傍水，风景秀美。那里有一座马黄坡，坡上苍松古柏、绿树成荫，村子里冬暖夏凉，宛如一个天然度假村。中华人民共和国成立以前，国民党曾经在马黄坡上残杀了一批地下党。因此，在老一辈的口中还流传着一些关于马黄坡的灵异之说。所以即便马黄坡气候宜人，村民们也不会贸然上山。

由于地方偏僻，交通不便，所以太平村的经济发展得不好，村民们只能靠种地过日子。

村里的孩子没零花钱用。不过，他们会想方设法地赚钱。其中，挖半夏就是一条很好的"生财之道"。

半夏又叫麻王果，可入药。田间地头野生的半夏很多，乡村的药房隔一段时间就会来收购。所以，孩子们一有时间就去挖半夏。

李兴林住在太平村，在镇中学上初二，今年刚满14岁。像其他孩子一样，只要一有时间，他就会带着锄头、背上一个小背篓，到处寻找半夏。

暑假的一天，李兴林像往常一样背着背篓出门了。可是这一次，他走遍了田间地头才挖到一丁点儿半夏。自叹不走运的他垂头丧气地往家走，在路过马黄坡坡脚的时候，却一连发现了几株半夏。他心想，坡脚有半夏，兴许坡顶也有半夏。

为了挖到更多的半夏，李兴林大着胆子往马黄坡行进。不出所料，山坡上果然生长着很多半夏。

"发大财了！"李兴林从来没见过这么多的半夏，他发疯似的挖了起来。

挖着挖着，他看到一个壕沟里有几簇长得特别高大的半夏。这些半夏靠在一起，围成了一个大圈。

"真难得呀！"他第一反应是好奇，然后扑过去正准备挖，突然，一阵冷风拂面而来……

顿时，李兴林想起村里老人们的灵异之说。顷刻间，他觉得面前的一切都变得那么诡异，吓得撒腿就跑。

他惊魂未定地回到家，爸爸立即追问他遇到什么事了。

"没什么。"平时，爸爸都严格规定不允许上山，所以李兴林刚到嘴边的话又咽了回去，随便撒了个谎搪塞过去。

整个暑假，李兴林都没敢再上山，但他脑子里还是惦记着那成堆的半夏，寻思着那得卖多少钱啊。

一晃开学了。回到学校，李兴林悄悄把这事告诉了自己的好朋友张蒙。张蒙长得人高马大，胆子也大，人称"张大胆"。他一听这话，立即来了精神，决定和李兴林一起上山探险。

两个人选了一个星期天，瞒着父母上山了。在李兴林的指引下，张蒙很快就看到了那片簇拥着的半夏。

"你来挖！"有了上次的教训，李兴林变得小心翼翼起来。

张蒙也不退让，让李兴林靠边。他挖了十几锄头之后，只听"哐当"一声，锄头直冒火花。李兴林吓得直往后退。

"胆小鬼，说不定下面有宝贝，看我怎么挖。"张蒙并不害怕，还是继续挖，不久，一个铁盒出现在他眼前。

张蒙打开一看，发现是古币。虽然他们生活在乡下，但是在电视上也听过古币、文物之类的字眼，他们立刻意识到发财了。

"我们发财了！"两个人满心欢喜地把铁盒背到李兴林的家。他们一数，不多不少，整整 100 枚。

"我们平均分吧。"李兴林打算和张蒙平分这 100 枚古币。

"那不行，古币是我挖出来的，说什么我也应该多分一些。"张蒙不依，说自己的功劳大，应该多分一些。

"如果没有我带路，你能挖到古币吗？"李兴林觉得如果多分一些给张蒙的话，自己就会吃亏，便说出了自己的想法。

两个人争执了起来。

这时，李兴林的爸爸干完农活回家了。他看到家里堆放着这么多古币，心花怒放。但仔细一听，李兴林要把古币分给别人一半，顿时火冒三丈。

"你只不过是我儿子请来的帮手，有什么资格分古币？"李兴林的爸爸站在儿子一边。

"古币是我挖到的，应该归我。你们欺负人……"张蒙见势不妙，也变得不依不饶。他跑到院子外，大声喊叫起来。

收工的村民一听，纷纷跑过来看热闹。

面对这么多的古币，大家各抒己见：有的说应该分给张蒙，有的说应该给李兴林，还有的说既然古币是从马黄坡挖到的，马黄坡属于太平村，那么古币应该拿出来大家分……

"这不可能。"眼看村民们也要分一杯羹，李兴林父子和张蒙立即表态，自家的事情自家解决，不需要外人掺和。他们把古币拿到村长家，请村长来评理。

"这盒古币应该上缴国家。"村长听了他们的叙述之后，给出了一个令人倍感意外的结果。

"凭什么呢？"大家愕然。

"李兴林和张蒙一同上山挖半夏，一个先看到半夏，一个先挖到古币，似乎都有道理。但《民法典》第三百一十九条规定，拾得漂流物、发现埋藏物或者隐藏物的，参照适用拾得遗失物的有关规定。法律另有规定的，依照其规定。第二百五十三条规定，法律规定属于国家所有的文物，属于国家所有。第二百五十条还规定，森林、山岭、草原、荒地、滩涂等自然资源，属于国家所有，但是法律规定属于集体所有的除外。马黄坡属于国家所有，从里面挖到的埋藏文物古币理当归国家所有。"村长说的句句在理。

但这件事却令李兴林父子和张蒙一直想不通。你能给他们解释一下这是为什么吗？

（文中人物均为化名）

法律知识链接

　《民法典》第三百一十九条规定，拾得漂流物、发现埋藏物或者隐藏物的，参照适用拾得遗失物的有关规定。法律另有规定的，依照其规定。第二百五十三条规定，法律规定属于国家所有的文物，属于国家所有。第二百五十条规定，森林、山岭、草原、荒地、滩涂等自然资源，属于国家所有，但是法律规定属于集体所有的除外。第二百五十八条规定，国家所有的财产受法律保护，禁止任何组织或个人侵占、哄抢、私分、截留、破坏。

本故事中，李兴林和张蒙一同上山挖半夏，一个先看到半夏，一个先挖到古币，似乎都有道理，但古币从属于国家所有的马黄坡挖到，是属于国家所有的文物，他们没有权利私分。

6. "失踪"的小海

一个风雨交加的傍晚，小海什么也没带，孤身一人冲出家门。他不知道自己要去哪儿，在屋檐下呆呆地站着。这时，身后传来"砰"的关门声。紧接着，父亲的咒骂声和母亲的哭泣声交织在一起，小海木然地听着。片刻后，他昂起头，倔强地走进雨夜中……

深夜，小巷的雨小了许多。小海家的吵闹终于停止了，父亲倒头闷睡，母亲悄无声息地从房间走出来。她轻轻地掩上门，借着小巷微弱的灯光，不停地给亲戚朋友打电话，询问小海的下落。

一个个电话都毫无音讯，小海母亲陷入绝望。

一阵冷风掠过，小海母亲将了将遮面的头发，她那满是伤痕的脸庞在微弱的路灯下显得越发苍白。这个可怜的女人无可奈何地从墙脚站起身，往事历历在目——

小海本来有一个幸福的家，父母经营着一间家具厂，他们家的生活富裕而充实。但在几年前，小海的父亲染上赌瘾，整天沉迷于赌博，无暇顾及生意不说，还弄得家里债台高筑。而且小海父亲性情突变，平日里对小海母子非打即骂。开始的时候，小海会和母亲一起向父亲求饶，让父亲手下留情。但随着年龄的增长，小海到了青春叛逆期，有了自己独立的思考。为了让母亲逃离父亲的家暴，小海不止一次地劝母亲离开父亲。

昨晚，小海拿着一张不及格的考卷回家，让父亲签字。小海父亲一看，立刻暴跳如雷，对小海一阵拳打脚踢。

"孩子会被你打坏的，别打了。"母亲跪下替小海求情。

"都是你笨，才生了这么个笨儿子。"母亲越劝，父亲越来气，随即又对小海母亲一顿暴打。对于这一切，小海母亲只能默默地忍受着。小海上前拉住母亲，要母亲和他一起离开。父亲一听，板着脸让他们娘儿俩有多远滚多远。

或许是在这种环境下生活久了，又或许是对小海父亲还抱有期望，小海母亲硬是要留下，还让小海别跟父亲怄气。小海见状，只身出门。

"要滚就滚远点，有本事就永远别回来！"小海父亲瞪着血红的眼睛，气势汹汹地吼道。

"爸爸不讲道理，妈妈就是懦弱！我再也不要和你们在一起……"这是小海临走时对父母说的最后一句话。

小海的父亲发泄完后进入梦乡，小海却不知去向。

"我的小海，你究竟去了哪儿？"小海母亲泪眼婆娑地看着外面漆黑一片，她真后悔当初没有跟着小海一起离开。

突然，小海母亲想起她还没有向小东询问小海的下落。小东是小海以前的邻居，他和小海很合得来，现在又在同一所学校上学，于是她拖着疲惫的身躯向小东家走去。

花了半个小时，小海母亲走到小东家门口。一看，小东家还亮着灯，心想小海可能就在他家，于是叩响了门铃。半晌，小东才开门。

"小海不在这里，您上别处再找找吧。"小东穿着睡衣，冻得直打喷嚏，似乎再站一会儿就要被冻感冒。

无奈，小海母亲只得离开。为了找到小海，她把能想到的地方通通都找了一遍，结果连小海的影子也没见到。因为太劳累，小海母亲晕倒在公园的草坪上。

"河堤上有一具尸体。"

"可能是跳河的吧？"

"年纪轻轻就想不开……"清晨，一阵嘈杂声把她惊醒。

"小海……"小海母亲一听，第一反应就想到可能是小海。她顾不得身上的伤痛，飞也似的向河堤方向奔去。

远远地，小海的母亲就看到河堤上挤满了人，大家议论纷纷。可是，当她走近看时，才发现死者是年轻的女性，并非小海。一颗悬着的心总算落了地。但是小海究竟在哪里呢？小海母亲发出撕心裂肺的嚎哭。

"大婶，您需要帮助吗？"正在处理案件的警察问道。

"我家小海失踪了……"小海母亲一五一十地说出了小海的事。警察听后，决定着手帮助小海母亲寻找小海。

中午时分，警察把小海送回家，和他一起的还有小东。原来，小海昨晚出走后，恰好遇上小东，便去了小东家，他见母亲寻找自己，负气地让小东说自己不在。

小海母亲见小海"完好无损"，一把抱住小海，痛哭流涕。

"有本事走了就别回来，怎么还要回来呢？"此时，小海的父亲已经醒来，他见家里来了警察，心里很不舒服，便责怪起小海来。

"孩子都这样了，你就别说了。"小海母亲已经忍无可忍。

"那又怎样？"没想到小海父亲变本加厉，又开始对小海母子撒气。

警察见状，立即制止。

"我打自己的妻儿，关你们什么事？"小海的父亲认为自己的妻儿自己想怎么打就可以怎么打，他当着警察的面给了小海一巴掌。

"《未成年人保护法》第十七条规定，未成年人的父母不得对未成年人实施家庭暴力。同时，《妇女权益保障法》第六十五条规定，禁止对妇女实施家庭暴力。县级以上人民政府有关部门、司法机关、社会团体、企业事业单位、基层群众性自治组织以及其他组织，应当在各自的职责范围内预防和制止家庭暴力，依法为受害妇女提供救助。所以，小海的事，我们管定了！"警察上前制止。

小海趁机说出长期以来父亲对他们母子俩实施家暴的情况，请警察替他们做主。

《反家庭暴力法》第十三条第二款规定，家庭暴力受害人及其法定代理人、近亲属可以向公安机关报案或者依法向人民法院起诉。所以，如果你继续这样，小海母子有权起诉你。"警察得知实情后，立即严厉地警告、批评了小海父亲，并联系小海家所在的居委会派出调解小组，对他进行思想教育。小海父亲终于意识到了自己的错误，下定决心好好对待小海母子。

同时，小海也意识到离家出走给母亲带来伤痛，不好意思地给母亲道了歉。

警察见事情有了转机，转身批评小东，说他不该收留小海过夜。这令小海过意不去。那么，你知道小东为什么挨批评吗？

（文中人物均为化名）

法律知识链接

《预防未成年人犯罪法》第三十五条第二款规定，收留夜不归宿、离家出走未成年人的，应当及时联系其父母或者其他监护人、所在学校；无法取得联系的，应当及时向公安机关报告。第三十五条第一款规定，未成年人无故夜不归宿、离家出走的，父母或者其他监护人、所在的寄宿制学校应当及时查找，必要时向公安机关报告。

本故事中，小东留宿好哥们儿小海，原本看上去是好朋友之间的交往，但小海才上中学，属于未成年人，如果要留宿，应该及时通知他的家长或者监护人，但小东没有这样做。考虑到小东也是未成年人，所以对他只做批评教育。

另外，如果遭遇家暴，最好不要采取离家出走这种消极方式来解决，应该理智、积极地寻求法律援助。因为只有这样，我们才能得到更好的保护。

7. 脸红的尴尬

　　林小雨今年读初二，她的心理素质比较差，平时遇到一丁点事儿就会脸红。她总是避免和同学们"正面"接触，如果遇到户外活动，她还会躲到角落里，不声不响地一个人玩。为此，林小雨还闹出了尴尬事。

　　这天下课后，同学们都去操场参加户外活动。林小雨不想出去，就像往常一样留在教室内看书。这时，她想起坐在自己前排的王晓芳之前向她借了一本资料书。由于那本资料书林小雨还没看完，所以她想利用大家出去玩的时间再看看。

　　林小雨想去叫王晓芳还书，但又不想走出教室。她向王晓芳的座位上望了望，发现那本资料书被端端正正地放在王晓芳的课桌上。林小雨也没多想，伸手就把自己的书拿了回来。

　　上课铃响了，同学们走进教室。王晓芳最后一个进教室，她翻了翻书包之后，大惊失色地叫起来："我放在书包里的10元钱不见了。谁拿了我的钱？"

　　"难道我们班出现了小偷？"

　　"是呀，这可怎么办呀？"

　　"我建议成立一个侦探队，专门侦破此案！"王晓芳这么一叫，同学们便有了议论的话题，开始交头接耳起来。

　　"谁拿了她的钱，快交出来！"班主任张老师闻讯走进教室，厉声吼道。顿时，教室里的气氛紧张了起来。同学们你看看我、我看看你，都是一副无辜的模样。

"晓芳，我刚才从你的课桌上拿回了我的资料书。"林小雨生怕王晓芳会误会自己，她小心翼翼地解释着。

"下课的时候，只有林小雨一个人留在教室内。"突然，不知是谁说了一句。

"是啊，她每天都躲在教室内，真不知道在干吗！"

"对，我也发现这个问题了。"

…………

经同学们这么一说，原本安静下来的课堂顿时变得热闹起来。

林小雨的脸一下子红到了耳根，她支支吾吾地说："我……没有……"

"课间其他同学全都在操场，只有你一个人在教室内，不是你又会是谁？"张老师经过一番"推理"之后得出结论。

"如果不是她偷钱，她怎么会脸红呢？"刚才那位提供线索的同学又冒出一句推波助澜的话。

听了这话，林小雨的脸变得更红了，这让张老师更加坚定地相信林小雨就是小偷。张老师示意林小雨把书包掏空，以便查找"赃款"。

为了证明自己的清白，林小雨红着脸把书包里的东西一样一样地拿出来。张老师走过来，仔细查看了一番，并没有发现所谓的"赃款"。不过，她并没有罢休，她又把林小雨的衣兜、裤兜仔仔细细地搜查了一遍。

　　林小雨没偷钱，所以张老师从她身上根本搜不到东西。张老师认为在学生中出现偷盗事件是很严重的问题，尤其不可饶恕的是那个"窃贼"还出现在她管理的班级。她的心情不能平静，用了半节课时间对林小雨进行"思想教育"。

　　末了，张老师希望林小雨乖乖交出"赃款"。林小雨始终都没交出"赃款"，因为她压根就没偷。为此，张老师对林小雨进行了"进一步"的搜身，她连林小雨最私密的内衣都没有放过，结果还是一无所获。

　　因为没有"物证"，这事只能"不了了之"。但此后，班里的同学都以一种怪异的眼光看着林小雨。每当这时，林小雨总是满面通红，把头埋得低低的。

　　在学校受到了如此大的委屈，原本内向的林小雨出现了严重的抑郁症。爸爸妈妈在外地工作，奶奶负责照顾她的生活。奶奶看出她的失常，经过多方了解，才终于知道了事情的原委。奶奶很生气，找到张老师理论。

　　"班上丢了钱，事发时只有您孙女在场。您说事情怪不怪？"张老师的语气有些阴阳怪气，似乎林小雨这个"小偷"的帽子已经摘不掉了。

　　奶奶气不打一处来，来到校长办公室找校长理论。一时间，全校都知道了林小雨的事。此后，林小雨害怕上学，不想看到同学，更惧怕张老师……

　　在外地工作的父母不得不回到林小雨身边，他们看着女儿魂不守舍的样子，心痛又气愤，到当地法院起诉了张老师，要求其对小雨赔礼道歉并进行精神损害赔偿。

"难道我教育学生还有错？"张老师并没有意识到自己的错误。在法庭上，她指出林小雨有很大的偷窃同学物品的嫌疑，她只是对小雨进行教育，并没有做错什么。

林小雨的父母说："我们小雨并没有偷窃同学的物品。"他们找来了王晓芳，面对法官的问询，王晓芳说出了事实真相："张老师，对不起！因为如果不说出来，我的心一辈子也不会安宁——其实，那10元钱我后来自己找到了。它被夹在我的课本里了……"

《宪法》第三十七条规定，中华人民共和国公民的人身自由不受侵犯……禁止非法拘禁和以其他方法非法剥夺或者限制公民的人身自由，禁止非法搜查公民的身体。

在我国，只有侦查人员才可以对犯罪嫌疑人以及可能隐藏罪犯或者犯罪证据的人的身体、物品、住处和其他有关的地方进行搜查。在搜查妇女的身体时，应当由女性工作人员进行。除此之外，其他任何单位和个人都无权进行搜查。

《民法典》第一百零九条规定，"自然人的人身自由、人格尊严受法律保护"。第九百九十条规定，"人格权是民事主体享有的生命权、身体权、健康权、姓名权、名称权、肖像权、名誉权、荣誉权、隐私权等权利。除前款规定的人格权外，自然人享有基于人身自由、人格尊严产生的其他人格权益"。

《最高人民法院关于确定民事侵权精神损害赔偿责任若干问题的解释》第一条规定，因人身权益或者具有人身意义的特定物受到侵害，自然人或者其近亲属向人民法院提起诉讼请求精神损害赔偿的，人民法院应当依法予以受理。

张老师非法搜查林小雨的身体，侵犯了林小雨的人格尊严，并给林小雨造成了严重的精神损害。法庭对双方进行了调解，张老师向林小雨赔礼道歉，并赔偿小雨精神损失1万元。通过这件事，张老师认识到了自己的错误，学习到了法律，她决定在以后的职业生涯中一定学法、尊法、守法，做一个关爱学生的好老师。

"我希望同学们遇到不公正待遇时，都学会用法律武器保护自己。"后来，林小雨转了学。她在新的学校得到了很好的呵护，人也变得开朗，还成为学校法律自护小组的成员。

（文中人物均为化名）

法律知识链接

《宪法》第三十七条规定，中华人民共和国公民的人身自由不受侵犯……禁止非法拘禁和以其他方法非法剥夺或者限制公民的人身自由，禁止非法搜查公民的身体。

《最高人民法院关于确定民事侵权精神损害赔偿责任若干问题的解释》第一条规定，因人身权益或者具有人身意义的特定物受到侵害，自然人或者其近亲属向人民法院提起诉讼请求精神损害赔偿的，人民法院应当依法予以受理。

　　《民法典》第一百零九条规定，"自然人的人身自由、人格尊严受法律保护"。第九百九十条规定，"人格权是民事主体享有的生命权、身体权、健康权、姓名权、名称权、肖像权、名誉权、荣誉权、隐私权等权利。除前款规定的人格权外，自然人享有基于人身自由、人格尊严产生的其他人格权益"。

　　本故事中，林小雨虽然是学生，但她的人身自由同样不容侵犯，而张老师不是合法搜查人，她并不具备搜查的资格，属于非法搜身，所以林小雨的家长有权维护女儿的合法权益不受侵犯。

图书在版编目（CIP）数据

第一本法律故事书：绘声绘色讲解青少年成长过程中的法律常识／代晓琴著．—5版．—北京：中国法制出版社，2023.12

（法律启蒙书系列）

ISBN 978-7-5216-3738-0

Ⅰ.①第… Ⅱ.①代… Ⅲ.①法律-中国-青少年读物 Ⅳ.①D920.4

中国国家版本馆 CIP 数据核字（2023）第 119973 号

责任编辑：程思　　　　　　　　　　　　　封面设计：李宁

第一本法律故事书：绘声绘色讲解青少年成长过程中的法律常识（第五版）

DIYIBEN FALÜ GUSHISHU：HUISHENG-HUISE JIANGJIE QINGSHAONIAN CHENGZHANG GUOCHENGZHONG DE FALÜ CHANGSHI（DI WU BAN）

著者/代晓琴

经销/新华书店

印刷/三河市紫恒印装有限公司

开本/880 毫米×1230 毫米　32 开　　　　印张／4.75　字数／47 千

版次/2023 年 12 月第 5 版　　　　　　　　2023 年 12 月第 1 次印刷

中国法制出版社出版

书号 ISBN 978-7-5216-3738-0　　　　　　　　　　定价：28.00 元

北京市西城区西便门西里甲 16 号西便门办公区

邮政编码：100053　　　　　　　　　　　　传真：010-63141600

网址：http：//www.zgfzs.com　　　　　　编辑部电话：010-63141806

市场营销部电话：010-63141612　　　　　　印务部电话：010-63141606

（如有印装质量问题，请与本社印务部联系。）